KB212233

하나님의 임재 연습

하나님의 임재 연습

저자 로렌스 형제
역자 임종원

초판 1쇄 발행 2012. 1. 13.
개정2판 1쇄 발행 2015. 3. 5.
개정3판 1쇄 발행 2023. 9. 21.
개정3판 3쇄 발행 2024. 11. 8.

발행처 도서출판 브니엘
발행인 권혁선

책임교정 조은경
책임영업 기태훈
책임편집 브니엘 디자인실

등록번호 서울 제2006-50호
등록일자 2006. 9. 11.

서울특별시 송파구 백제고분로28길 25 B101호 (05590)
마케팅부 02)421-3436
편 집 부 02)421-3487
팩시밀리 02)421-3438

ISBN 979-11-93092-09-5 03230

독자의견 02)421-3487
이메일 editorkhs@empal.com

북카페 주소 cafe.naver.com/penielpub.cafe
인스타그램 @peniel_books

도서출판 브니엘은 독자들의 원고를 설레는 마음으로 기다리고 있습니다.
위의 이메일로 간단한 기획 내용 및 원고, 연락처 등을 보내주십시오.

도서출판 브니엘은 갓구운 빵처럼 항상 신선한 책만을 고집합니다.

성경과 더불어 시대를 뛰어넘는 불후의 명작

하나님의 임재 연습

로렌스 형제 지음 | 임종원 옮김

브니엘

지금 당신이 손에 잡고 있는 이 책은 기독교 영성에 관한 고전
이 되었다. 우리같이 허물어지고 저주받은 사람들이 하나님으로
부터 축복을 받을 수 있다는 기쁜 소식을 들었을 때, 내면에서 용
솟음치듯 흘러나오는 기쁨을 명확하게 표현하고 있기 때문이다.
로렌스 형제는 하나님이 자신을 "속이셨다"고 말하기도 했는데,
그것은 당연히 심판받아야 마땅하다고 생각했던 바로 그 자리에
서 오히려 은혜를 베푸심으로써 자신을 놀라게 하셨기 때문이다.
그것은 마치 아버지가 두 팔을 활짝 벌린 채 기다리고 있는 고향
집으로 돌아가는 탕자의 기쁨에 비길 만하다. 또한 그것은 아담
이래로 하나님과 인간 사이를 갈라놓은 거대한 괴리에 짓눌려 있
던 사람들이, 하나님이 그 간격을 메우기 위해 자신의 생명을 버

리셨다는 사실을 발견하고 난 후 맛보는 커다란 기쁨이다.

이 책은 1692년에 처음 발행된 후 수많은 사람에게 꾸준히 읽혀왔다. 하나님의 말씀인 성경과 마찬가지로 이 책 역시 시대를 뛰어넘는 불후의 명작이다. 오늘날 우리가 부딪치는 온갖 도전 속에서도 찬찬히 이 책을 읽어나간다면 이 시대를 살아가는 모든 사람에게 특별한 선물이 되리라고 확신한다. 로렌스 형제는 예수님을 따르는 우리가 세상에 지배당하지 않으면서 신실하게 세파를 헤쳐나가는 법을 배우려고 할 때 어디에서 최고의 스승을 찾아야 하는지를 상기시켜 준다. 그것은 다름 아닌 땅을 기업으로 받을 온유한 사람들이다.

로렌스 형제는 까르멜수도회의 수사가 되기 전에 무슈 드 퓨베라는 저명한 은행가의 사환으로 일하기도 했다. 여기서 로렌스 형제는 자긍심 위에 세워진 왕국을 다스리는 권력자와의 상하관계를 몸소 체험했다. 그리하여 신앙생활에서도 몸에 배어 있던 이와 같은 경험을 통해 하나님의 집에서 감당해야 할 역할도 퓨베의 집에서 감당했던 자질구레한 허드렛일을 해내는 게 아닐까 상상하기도 했다.

로렌스 형제는 어떤 편지에서 이렇게 썼다. "나는 나 자신을 가장 형편없는 자로 여기고 있습니다. 이리저리 찢기고 악취를 풍기는 상처로 가득한, 그리하여 왕이신 하나님께 맞서 온갖 종류의 범죄를 저지른 사람처럼 말입니다."

그런데도 놀라운 것은 로렌스 형제에게 그토록 커다란 기쁨을 가져다준 '속임수'는 바로 주님이 자신을 용서해주셨을 뿐만 아니라 온종일 쉬지 않고 대화에 초대해 주셨다는 사실이었다. 하나님의 임재를 연습하는 것은 감히 주님의 임재 속으로 들어갈 만한 자격이 없다고 두려워하는 자들에게 허락하시는 선물이었다.

사실 이 책은 로렌스 형제가 직접 쓴 것이 아니다. 당시 교회 지도자였던 보포르 대수도원장이 로렌스 형제의 원고를 모아서 편집하고, 상당 부분을 직접 정리해서 기록한 것이다. 로렌스 형제가 우리 시대에 허락해 준 선물을 제대로 이해하려고 할 때 이 책은 매우 중요한 자료이다. 우리가 온갖 정보의 홍수 속에서 말이 힘을 잃어버린 시대에 살고 있기 때문이다. 각종 잡지, 책, 웹사이트, 블로그, 텍스트, 수없이 쏟아지는 광고들을 비롯해서 수많은 출판물의 확산은 전반적으로 우리 문화를 말의 힘에 무감각해지도록 만들었다.

그러나 그보다 더 심각한 것은 그리스도인의 말 역시 이 같은 언어적인 위기 상황에서 나타나는 특별한 신뢰성의 상실로 인해 엄청난 고난을 겪고 있다는 것이다. 아무리 자부심을 느끼고 커다란 목소리로 외치는 곳에서도 교회는 위선, 지나침, 비열함으로 말미암아 자주 비난을 받아왔을 뿐 아니라 실제로 그런 잘못이 종종 목격되었다.

이와 같은 상황에서 예수님은 어떤 책도 저술하시지 않았으며, 단지 꿋꿋이 당신의 삶을 살아내셨다는 사실을 기억하는 것이 매우 중요하다. 우리에게 있는 예수님에 관한 수많은 책은 단지 그분의 삶, 죽음, 그리고 부활의 능력을 간접적으로 증언할 뿐이다. 그럴듯하게 포장된 말보다 더 중요한 것은 만물보다 더 참된 말씀의 주인이신 하나님이 육신이 되어 우리 가운데서 사셨다는 사실이다. 초대교회 때는 여러 성경 기자가 존재하기는 했지만 수많은 사람이 성육신하신 말씀의 능력을 뼈저리게 경험하였다.

수많은 순교자의 생애에서부터 안토니의 아타나시우스 전기에 이르기까지 기독교계에 등장한 가장 멋진 책들은 모두 하나님으로 말미암아 변화된 그리스도인들에 관한 이야기를 다룬 책이었다. 만약 오늘날과 같은 시대에 세상을 변혁시키고 갱신할 만한 하나님의 능력에 관해 무언가를 알고 싶다면 하나님의 영광에 사로잡힌 사람들의 삶을 경축하는 고대의 모범을 다시 배워야 하지 않을까 생각한다. 펜을 붙잡고 있거나 컴퓨터 모니터 앞에 앉아 있는 사람들은 그러한 연습에서 보잘것없는 중요성을 지닌 부류에 지나지 않는다.

그래도 여전히 글로 쓰인 말은 중요하며, 그래서 우리는 지금 이 순간까지 그것을 보존하고 번역하고 지켜온 모든 사람에게 감사해야 한다. 참된 능력은 육신으로 오신 말씀 안에 있으며, 너무나 많은 사람이 홀로 내버려져 있다고 느끼는 세상에서 하나님의 임재를 연습하기로 결단한 사람의 인생 안에 자리 잡고 있다.

　"가난한 자는 복이 있나니." 실제로 우리는 영과 말의 가난 속에서 긍휼에 풍성하신 하나님으로 말미암아 기쁨을 자각하게 되기 때문이다.

거룩한 훈련을 통해 하나님을 생각하라

하나님을 혼자 내버려두지 말라

십자가를 지고 고난받는 것에 익숙하라

하나님께 속하지 않은 모든 것을 포기하라

우리의 정화를 위해서 고통을 허락하신다

전적으로 하나님의 섭리에 자신을 맡기라

포기하지 말고 주님의 문을 두드리라

하나님을 아는 것을 본분으로 삼으라

로렌스 형제에 관한 한 우리는 어렴풋하고 막연한 전설에 기대야 할 필요가 전혀 없다. 로렌스 형제에 관한 정보가 많은 것은 아니지만 그래도 우리에게는 로렌스 형제의 손으로부터 직접, 그리고 로렌스 형제를 개인적으로 알고 지냈던 사람, 곧 파리 관구의 주교 총대리였던 요셉 드 보포르 대수도원장의 글에서 얻을 수 있는 여러 가지 정보가 있다. 우리에게 있는 정보가 너무나 적기 때문에 오히려 더 많이 알고 싶은 욕구를 자극하고 부추기기도 하지만 사실은 지금 있는 것만으로도 충분하다.

로렌스 형제는 1611년 프랑스 로렌느 지방의 조그만 마을에서 태어났다. 로렌스 형제에게 니꼴라 에르망이라는 이름을 지어 준 부모는 가난하지만 경건한 사람들이었다. 그가 폭넓은 교육을 받았을 가능성은 매우 적지만 로렌스 형제의 교육 이력에 관해서는 아무것도 알려진 게 없다. 여러 차례 인용된 말로는 로렌스 형제가 농부 출신의 시골뜨기임을 잘 보여주지만 이와 같은 소박함이 로렌스 형제의 지혜와 헌신을 훨씬 더 놀라운 것으로 만들어준다. 왜냐하면 사람들은 타인에게서 배워온 것들을 단순히 주워섬기는 사람보다는 내면적인 지식을 바탕으로 새로이 발전해 나가는 사람의 독창성과 신선함에 더욱 커다란 관심을 기울이기 때문이다.

청년 시절 로렌스 형제는 로렌느와 이웃 독일 지역 사이의 군사적 충돌에 동참하는 불행을 몸소 겪기도 했다. 그와 같은 충돌은 당시 유럽에서는 너무나 흔하게 곳곳에서 일어나는 일이었다. 로렌스 형제를 첩자라고 생각한 독일군은 체포하자마자 죽이겠다고 협박했다. 그러나 로렌스 형제는 자신이 첩자가 아님을 독일군에게 적극적으로 설득했고, 결국에는 풀려나게 되었다.

그 당시 벌어진 또 다른 군사적인 충돌로 말미암아 로렌스 형제의 고향 지방에 스웨덴 군인들이 공격해 왔으며, 그에 따른 전투과정에서 로렌스 형제는 부상을 당하게 되었다. 그는 부상의 회복을 위해 부모님이 사는 고향 집으로 돌아올 수밖에 없었다. 로렌스 형제가 군대생활에 관해 무엇을 느꼈든지 간에 어쨌든 이 두 경험은 그런 식으로 불행하게 막을 내렸다.

로렌스 형제의 설명에 따르면 그가 군대에 들어갈 무렵이던

18세 때 한 가지 놀라운 영적 각성이 일어났다. 1666년 8월 3일 자로 기록된 드 보포르 대수도원장의 언급이 이를 가장 잘 설명해 준다.

"로렌스 형제는 수도원생활을 시작하기 전인 열여덟 살에 자신에게 일어난 회심에 관해 나에게 말해주었다. 하나님은 그분의 은혜에 관해 보기 드물게 진귀하고 놀라운 방식으로 로렌스 형제를 축복해주셨다. 어느 겨울날, 로렌스 형제는 가지의 이파리가 모두 떨어져 앙상하기 이를 데 없는 나무 한 그루를 바라보면서, 언젠가 그 가지에 다시 새싹이 돋아나고 꽃이 피고 열매를 맺을 것이라는 생각을 하게 되었다. 바로 그 순간, 자신을 혼자 내버려두지 않는 하나님의 섭리와 능력에 관해 숭고한 깨달음을 얻었다. 이와 같은 깨달음으로 말미암아 로렌스 형제는 그로부터 세상에 얽매이지 않는 삶을 살게 되었고, 그 선물을 받은 이후로 40년 이상 살아오면서 하나님을 향한 사랑이 그때보다 훨씬 더 커졌는지는 쉽게 판단할 수 없을 만큼 커다란 사랑을 받았다고 고백했다."

살아계신 하나님과 만나는 순간을 묘사하는 사람들이 모두 그렇듯이 어떤 표현도 그 순간을 충분히 그려내진 못할 것이다. 어떤 이는 말로 표현할 수 없는 신비로운 체험을 한 사람들이 그 이후에 억지로 자기 체험을 말로 표현하려는 실수를 저지르게 된다고 비판했다. 마치 천국이 열린 것 같은 쉽게 형언할 수 없는 내적인 깨달음의 순간을 통해, 우리는 사고영역이나 언어영역 너머에 있는 영광스러운 것들을 흘끗 살펴보게 된다. 그와 같은 조명 아래서 로렌스 형제의 말들을 찬찬히 읽어나갈 수도 있을 것이다.

군대를 떠난 뒤 로렌스 형제는 한때 몬슈 드 퓨베라는 저명한 은행가의 사환으로 고용되었다. 사환이란 출입문과 식탁에서 시중드는 임무뿐만 아니라 여러 가지 허드렛일을 맡은 머슴이었다. 이 시기와 관련해서 로렌스 형제는 "모든 것을 엉망으로 만들기에 바빴던 서투른 풋내기에 지나지 않았다"라고 회상했다.

군대생활과 사환생활로 이어지던 시기는 상당히 여러 해 동안 계속되었다. 이 시기는 나중에 더 빨리 세속을 떠나 온전히 하나님을 섬기는 일에 자신을 드리지 못했다고 후회하던 시기이기도 했다.

그런데도 로렌스 형제는 덧없는 이 세상에 점점 더 많이 마음을 빼앗기게 되자 까르멜수도회 소속이던 삼촌에게 종종 자문을 구했다. 삼촌은 이 세상뿐만 아니라 이 세상의 교묘한 유혹으로부터 철저히 물러나는 것만이 유일하고도 안전한 길임을 점차 강하게 확신하게 되었다고 말해주었다. 삼촌은 이렇게 조언했다. "이 세상의 공기는 너무나 오염되었다. 이 공기를 들이마시는 모든 사람의 목숨을 빼앗을 만큼 치명적인 타격을 입히지는 않을지 몰라도, 세상의 풍조를 따라가는 사람들의 갖가지 품행을 필연적으로 지저분하게 뒤바꾸거나 타락시킬 수밖에 없다."

그리하여 로렌스 형제는 조용히 은둔하며 살아가는 삶에서 고독을 누리면서 영적인 포기를 훈련하게 되었다. 그것은 한 재력가의 후원 아래 가능하게 되었다. 그 신사는 세상에 진절머리를 낸 나머지 영적인 삶에 전적으로 자신을 헌신하기 위해 애쓰고 있었다. 오직 전심으로 주님을 찾는 사람들에게 주님이 얼마나 달콤한 맛을 보여주시는지 알아보기 위해서였다.

그러나 어떤 사람들에게는 영적인 성취라는 축복된 상태에 도달하기 위한 방법이 오히려 로렌스 형제에게는 고통의 자리가 되었다. 이 과정에서 로렌스 형제는 자신의 감정이 기쁨과 평안에서부터 슬픔과 흥분에 이르기까지, 열정적인 헌신에서부터 전적으로 메마른 상태에 이르기까지 천방지축으로 날뛰는 모습을 발견했다. 그래서 오래지 않아 은둔 수행자의 삶이 자신에게 어울리지 않는다는 사실을 깨닫게 되었다. 결국 로렌스 형제는 1649년 파리 소재 맨발의 까르멜수도회 후보생으로 지원하게 되었다.

이 공동체에서 로렌스 형제는 지금까지 우리에게 알려진 자신의 글과 대화를 통해 밝힌 대로 일평생 붙잡고 나갈 만한 주제를 발견하게 되었다. 그것은 바로 하나님으로부터 말미암지 않은 모든 것에 대한 절대적인 부인이었다.

로렌스 형제는 맨발의 까르멜수도회에 들어갔을 때 비로소 부활의 로렌스라는 이름을 받았다. 그래서 이때부터 다음 세대에게는 로렌스라는 이름으로 알려지게 되었다. 특별한 신앙생활로 들어가는 사람들에게 새로운 이름을 지어주는 관행은 굉장히 오랜 역사를 간직하고 있으며, 지금도 여전히 그렇다.

로렌스 형제는 수도회에 들어갔을 때 자신의 서투름 때문에 혹독한 취급을 당할 것으로 예상했지만 오히려 "만족한 생활을 영위했기 때문에 하나님이 자신을 놀렸다"라고 말하면서 종종 하나님에게 "주님은 저를 속이셨어요!"라고 따졌다고 덧붙인다.

특별한 신앙생활로 들어간 초기에 로렌스 형제는 종종 잡다한 생각으로 허공을 헤매지 않으려고 애쓰다가, 또다시 거기로 빠져들기를 되풀이하면서 기도시간을 전부 허비하기도 했다. 실제로 로렌스 형제는 스스로 고백하기를 다른 사람들처럼 정해진 규율에 따라 하루 3시간 이상씩 기도할 수 없었으며, 묵상기도 시간을 보낸 이후에도 도대체 그것이 무슨 의미가 있는지를 제대로 설명할 수 없었다고 고백했다. 그렇게 오랫동안 기도의 영을 유지하는데 어려움을 호소했던 로렌스 형제의 모습은 바로 오늘날 우리 모습이 아니던가!

이와 같은 어려움에 대한 로렌스의 해결책은 간단했다. 곧 침묵 대신 하나님과 지속적으로 대화하는 습관을 키워나갔다. 기도 중이든 일상생활이든 간에 로렌스 형제는 하나님께 마음과 생각을 집중하는 동시에, 하나님께 감사하면서 그분을 찬양할 뿐만 아니라 마땅히 행해야 하는 일이라면 무엇이든지 즐거운 마음으로 행하도록 그분의 은혜를 구하는 삶을 습관으로 만들어 나갔다. 그래서 어쩌다가 자신이 하나님을 잊어버리는 일이 벌어지기라도 하면 마치 변덕스러운 어린아이처럼 다시금 생각을 하나님께로 되돌리면서 정직하게 잘못을 고백했다.

수련 수사로 생활하던 초기, 로렌스 형제는 부엌에서 일하도록 배치를 받았다. 아무래도 사환으로 일했던 이전의 경험을 고려하여 취한 조치였을 것이다. 그러나 부엌일을 전혀 좋아하지 않았던 로렌스 형제는 천성적으로 그 일을 끔찍이 싫어했다. 하지만 하나님을 사랑하는 마음으로 무슨 일이든 마다하지 않겠다고 결단한 뒤로는 자신에게 맡겨진 임무를 기쁘게 감당했다. 로렌스 형제는 대략 15년 동안 부엌에서 온갖 허드렛일을 도맡아 하면서도 커다란 평안을 누릴 수 있었다.

나중에는 포도주를 구입해 오라고 오베르뉴와 부르고뉴 지방으로 파견되기도 했는데, 그 임무는 로렌스에게 전혀 어울리지 않는 일로 여겨졌다. 두 가지 이유로 그 일은 로렌스에게 특히나 어려운 과제였다. 첫째로 로렌스 형제는 장사에는 소질이 없었다. 둘째로 로렌스 형제는 한쪽 다리를 너무 심하게 절룩거리는 바람에 포도주 통 위를 굴러다니는 방법밖에는 선상(船上)에서 걸어 다닐 만한 재간이 없었다.

이때 로렌스 형제는 하나님께로 이 일을 가져가 자신이 착수한 일은 하나님의 사업이라고 말씀드리는 동시에, 모든 것을 하나님께 넘겨드린 이후에야 자기 일을 완수할 수 있었을 뿐 아니라 성공적으로 그 일을 해낼 수 있었다. 그러나 나중에 이 일에 관해 이야기하면서 "분명히 나에게는 어떤 신용도 없었는데, 도대체 어떻게 그 일을 완수했는지 모르겠다"라고 말했다.

이러한 일들을 충실히 감당한 이후에는 신발을 수선하는 임무가 맡겨졌는데, 아마도 한쪽 다리가 불구인 점을 고려한 조치였을 것이다. 로렌스 형제는 신발을 수선하는 일을 감당하면서 "기쁨을 되찾기는 했지만 자신에게 맡겨진 일이라면 무엇이든지 기꺼이 감당하기 위해 그 일조차도 언제든 그만둘 준비가 되어 있었다"라고 말했다. 왜냐하면 아무리 작은 일을 하더라도 하나님을 사랑하는 마음으로 기쁨을 찾지 못한다면 아무것도 하지 않기로 작정했기 때문이었다.

그러나 로렌스 형제의 삶이 모두 순순히 풀려서 행복하기만 했다고 생각해서는 안 된다. 로렌스 형제는 자신이 정죄를 받았음에 틀림없다고 굳게 믿으면서, 영혼에서 엄청난 번민을 겪는 가운데 새롭고 특별한 신앙생활로 접어들게 되었다. 그 이전에 약 4년 동안이나 이와 같은 상태의 영적인 불확실성과 염려가 도무지 로렌스 형제의 곁을 떠나지 않았으며, 아무리 이성적으로 추론하거나 자문을 받아도 별다른 도움이 되지 않는 것처럼 느껴졌다. 그런 다음에야 비로소 커다란 돌파구를 마련하게 되었다.

그 즈음 로렌스 형제는 오직 하나님을 향한 사랑만을 추구하기 위해 맨발의 까르멜수도회로 들어갔다. 그 이유는 지금까지 오직 하나님만을 위해 살아가려고 노력해 왔다고 이성적으로 추론하면서, 정죄를 받거나 말거나 그것이 무엇이든지 간에 죽을 때까지 그와 같은 방식으로, 여태껏 하나님을 향한 사랑으로 계속해 왔던 일들을 변함없이 행하도록 노력하겠다고 작정했기 때문이다. 굳게 마음먹고서 한동안 그렇게 살아가도록 도와주었던 이와 같은 결단을 통해 로렌스 형제는 천국과 지옥에 관한 불안감을 떨쳐내고 지속적인 영혼의 기쁨과 자유를 찾을 수 있었다.

그래도 끝까지 로렌스 형제를 사로잡고 있었던 한 가지 염려는 자신이 충분히 고난받지 못했다는 점이었다! 마지막으로 병에 걸려 누워 있을 때에는 늑막염으로 격심한 고통을 당하고 있었지만 쾌활한 얼굴로 너무나 완벽하게 고통을 가린 나머지 병상을 찾아온 형제들 가운데 일부는 그가 전혀 아프지 않은 것은 아닌지

의아해 하기도 했다.

네 번의 '대화'와 여러 가지 '조언'이라는 간략한 선집(選集)에 포함되어 있거나, 또는 사후에 로렌스의 소장품에서 찾아낸 여러 가지 '편지'는 끊임없이 한 가지 주제에 집중적인 초점을 맞추고 있다. 곧 아무리 커다란 고통을 당하더라도 오직 하나님을 향한 사랑이 전부이며, 그 사랑을 기초로 하나님에 관한 지속적인 내면의 깨달음과 더불어 하나님과 나누는 지속적인 내면의 대화로 나아가야 한다는 것이다.

그에 관하여 로렌스 형제는 이렇게 말한다. "비록 우리가 갖가지 방법을 다 동원해서 참회했을지라도 사랑 안에서 참회가 이루어지지 않았다면 그 참회는 단 한 가지 죄악도 깨끗이 씻어내지 못할 것이다." 또 다른 곳에서 그는 특별히 이렇게 언급하고 있다.

"우리가 해야 할 일의 전부는 우리 안에 계신 하나님의 친밀한 임재를 깨달아 매 순간 하나님과 대화를 나누면서 그분께 도와달라고 간청하는 것이다. 이런 식으로 우리는 의심스러운 것들에 관한 하나님의 뜻을 알게 될 것이며, 하나님이 명확하게 우리에게 요청하고 계신 것들을 더 잘할 수 있게 될 것이다. 그리하여 그 일들을 시작하기 전에 하나님께 올려드리는 동시에, 일단 그 일들을 모두 끝내고 난 다음에는 잘 마친 것을 하나님께 감사하게 될 것이다."

로렌스 형제가 세상을 떠난 뒤, 친구이자 열성적인 지지자였던 드 보포르 대수도원장은 그와 대화를 나누면서 기록해 두었던 자신의 쪽지와 더불어 로렌스 형제가 직접 남겼던 원고들을 일일이 다 모은 다음, 많은 사람에게 도움을 주기 위해 책으로 출판했다.

프랑소아 페넬롱과 잔느 귀용이 종교재판 과정에서 로렌스 형제의 말을 인용했지만 정적주의운동(Quietist Movement, 17세기 말에 일어난 신비주의 종교운동-역주)과 두 사람이 관련되어 있다는 오해로 말미암아 로렌스 형제의 이름과 영향력은 프랑스 무대에서 신속하게 사라지게 되었던 것으로 보인다. 그러나 로렌스 형제의 여러 가지 말과 권고는 영어권 사람들, 특히 개신교도 사이에서 풍부한 수용력을 지닌 사람들의 주의를 끌게 되었고, 그때부터 오늘날까지 계속해서 수많은 사람이 로렌스 형제의 글을 읽고 있다.

19세기 영국의 퀘이커교도 한나 휘톨 스미스는 로렌스 형제의 글에 관하여 "내가 알고 있는 가장 유용한 책 가운데 하나"라고 말하면서, 그것을 「하나님의 임재 연습」이라고 불렀다. 한나 휘톨 스미스는 계속해서 이렇게 덧붙였다. "이 책은 모든 인간의 삶에 안성맞춤이라서 그 사람들을 부유하거나 가난하게도 만들고, 유

식하거나 무식하게도 만들고, 지혜롭거나 순박하게도 만든다. 빨
래터에 있는 여인이든 공사장에서 일하는 인부이든 간에 교회에
서 섬기는 목회자나 사역 현장에 있는 선교사만큼이나 편안한 마
음으로 반드시 성공하리라는 확신 가운데 여기에서 가르치는 '연
습'을 실행할 수 있다."

　　또한 하버드대학교 학장을 지낸 윌러드 스페리 박사는 저서
「나그네와 순례자」라는 책에서 로렌스 형제에 관하여 이렇게 말
했다.

　　"로렌스 형제의 삶에 관한 이야기와 로렌스 형제의 말들은 그
　　리스도 안에서 살아가는 단순한 삶의 훌륭한 본보기이다. 지
　　금까지 수많은 그리스도인이 대체로 이 단순성의 본질에 대해
　　동의해 왔다. 그것은 끊임없이 동요를 일으키는 마음의 중심
　　에 여전히 남아 있는 평안, 즉 우리의 욕망을 가차 없이 부정
　　하기보다는 오히려 엄격하게 정돈함으로써 도달하는 평화를
　　쟁취하는 삶이다."

　　스페리 학장은 계속해서 이렇게 말을 이어나갔다.

　　"로렌스 형제의 삶이 우리를 사로잡는 것은 진솔한 순수성과

감정적으로 접근하려는 모습을 절대 보이지 않는다는 점이다. 로렌스는 이따금 출장을 떠나는 것을 몹시 싫어했을 뿐만 아니라 일상적으로 되풀이해서 이어지는 식사준비와 설거지를 그다지 좋아하지 않았다. 실제로 전해지는 이야기들도 전혀 모호하지 않다. 사람들은 '로렌스가 부엌일을 천성적으로 끔찍이 싫어했다'고 분명히 말한다. 더욱이 일정 기간은 기도에서도 거의 만족을 얻지 못해 종종 기도를 따분하고 무미건조한 짓이라고 생각하기도 했다는 로렌스의 말은 어떤 비판적인 사람들의 예봉도 단숨에 꺾어놓는 진솔함이 묻어난다. 종교가 세상을 향한 전파과정에서 겪는 어려움은 대체로 이렇게 있는 그대로 자신을 솔직하게 드러내는 진솔함의 부족에서 비롯된다. 실제로 우리 구원의 대장이신 예수님은 모든 일을 자기 형제들에게 있는 그대로 드러내셨으며, 덕분에 복음서도 굉장히 진솔하다. 그러나 너무나 많은 틀에 박힌 그리스도인들은 아무 스스럼없이 가식적인 모습이나, 혹은 침묵하는 모습과 은연중에 결탁하는 것처럼 보인다. 곧 신앙 안에서 변함없는 행복을 얻는 즐거움에 관해 단지 가식적인 태도를 보이거나, 어떤 영적인 고통이나 난국에 부딪혔을 때 아무 말 없이 그저 침묵으로 일관하는 것이다."

그러한 연습을 통해 사람들이 맛본 여러 가지 체험은 너무나 환상적이라 마치 사실이 아닌 것처럼 여겨지거나, 너무나 좋아서 우리의 능력을 훨씬 넘어서는 것처럼 보인다.

그러나 로렌스 형제는 전혀 가식적인 태도를 취하지 않았으며, 단지 어떤 일을 했다고 여긴다면 그것은 바로 다음과 같은 일이다. 즉 로렌스 형제는 그리스도인의 삶에서 미심쩍은 어떤 특정한 영역을 둘러싸고 있는 침묵과 결탁하는 짓을 완전히 끊어버렸다. 로렌스 형제는 아마도 「카라마조프의 형제들」에 등장하는 노(老) 수도사가 "이것은 다른 무엇보다 당신 자신에게 거짓말을 하지 않아요"라고 말했을 때 그 말이 의미하는 바가 무엇인지를 충분히 이해했을 것이다. 아무리 용맹스러운 예수 그리스도의 군사일지라도 영적전쟁이 아주 오래 지속된다는 사실을 인식하고 있는 것은 매우 고무적인 일이다.

한번은 그리스도교회의 캐논 샌데이라는 사람이 어떤 강의에서 "전 세계적으로 정직한 지성인들이 펼치는 활동 가운데 4분의 3은 순전히 고역에 지나지 않는다"라고 말했다. 이와 같은 사실에도 그대로 마음의 평안을 유지하고 싶은 사람이라면 누구나 얼마든지 그렇게 할 수 있다. 그렇다고 항상 마음의 평안을 지키지 못하게 하는 일에만 관심을 기울인다면 그것 역시 단지 가식에 지나지 않을 뿐이다. 그것이 바로 자신에게 맡겨진 일에 대한 로렌스 형제의 판단이었다. 로렌스 형제는 절대로 온갖 사소한 일들까지도 전부 다 좋아하는 체하지 않았다. 다만 그 일에 적극적으로 뛰어들었을 뿐이다. 우리는 현실적인 진솔함 때문에 로렌스 형제를 이해하는 동시에 사랑하게 된다.

그러나 이것은 로렌스 형제가 도저히 견딜 수 없을 만큼 과도한 일을 감당했다는 뜻은 아니다. 그와는 반대로 천성적으로 부엌일을 몹시 싫어했음에도 로렌스 형제는 거기에 배치되었던 15년 동안 모든 일이 그다지 어렵지 않다고 생각했으며, 있는 자리에서 대단히 즐거워했다는 소리를 듣는다. 그렇다면 어떤 사람이 천성적으로 끔찍이 싫어하는 일을 그다지 어렵지도 않고, 오히려 즐거워하게 된다는 것이 도대체 가능한 일인가? 로렌스 형제는 우리에게 그 대답을 분명히 들려주고 있다.

"처음 그런 특별한 신앙생활로 들어간 이래로 지금까지 나는 내 영혼의 모든 생각과 감정의 궁극적인 목표와 종착역으로서 계속해서 오직 하나님만을 주목해 왔다."

"하나님에게로 나아가는 가장 탁월한 방법은 사람들을 기쁘게 하는 어떤 관점도 배제한 채 순전히 하나님을 향한 사랑을 기초로, 다함께 일치된 마음으로 일하는 것이다."

한 사람의 신실한 삶이 우리에게 얼마나 커다란 위로를 줄 수 있는지! 숨겨진 평범한 인생으로부터 흘러나오는 로렌스 형제의 영향력은 도저히 헤아릴 수 없을 만큼 수많은 사람의 삶에 깊은 감명을 주었으며, 그 사람들의 영적인 순례여행에 커다란 길잡이가 되었다. 비록 한번도 성자의 반열에 오른 적이 없지만 로렌스 형제 역시 예수님을 위해 의를 따랐으며, 찬란한 인생을 길이길이 하나님께 바친 선택받은 영혼들 사이에 있다는 사실은 조금도 의심할 여지가 없다.

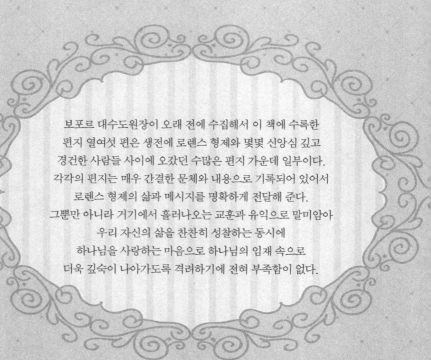

보포르 대수도원장이 오래 전에 수집해서 이 책에 수록한
편지 열여섯 편은 생전에 로렌스 형제와 몇몇 신앙심 깊고
경건한 사람들 사이에 오갔던 수많은 편지 가운데 일부이다.
각각의 편지는 매우 간결한 문체와 내용으로 기록되어 있어서
로렌스 형제의 삶과 메시지를 명확하게 전달해 준다.
그뿐만 아니라 거기에서 흘러나오는 교훈과 유익으로 말미암아
우리 자신의 삶을 찬찬히 성찰하는 동시에
하나님을 사랑하는 마음으로 하나님의 임재 속으로
더욱 깊숙이 나아가도록 격려하기에 전혀 부족함이 없다.

01

— 편지 —

로렌스 형제의 격려 편지들

※ 이 책에 소개된 편지에서 전반적으로 등장하는 "N"(영어 Name에서 따온 말)이
라는 용어는 로렌스 형제와 서신을 왕래한 사람들이 누구인지를 밝히지 않으려
는 의도에서 사용된 것이다.)

친애하는 N원장님께.

제가 N원장님께 이렇게 특별히 펜을 든 이유는 저희 형제들 가운데 하나(이 편지에서는 로렌스 형제 자신을 지칭하는 것으로 보인다)가 하나님의 임재를 연습하면서 얻은 놀라운 결과와 지속적인 도움에 관한 여러 가지 생각을 원장님과 함께 나누려는 것입니다.

원장님도 잘 알다시피 지난 40년 이상 우리 수도원에서 생활해 온 이 형제의 주된 관심사는 언제나 하나님과 동행하는 것이었습니다. 그래서 하나님을 기쁘게 하지 못하는 일이라면 아무것도 행하거나 말하거나 생각하지 않으면서, 하나님의 순전한 사랑 말고는 다른 어떤 것에도 눈길을 돌리지 않았다고 합니다. 왜냐하면 하나님은 그보다 더 많이 한없는 경배를 받으시기에 합당한 분이기 때문입니다.

요즘 이 형제는 그와 같은 하나님의 임재에 너무나 익숙해진 나머지 어떤 상황에 처하든지 지속적으로 도움을 받고 있다고 합니다. 대략 지난 30여 년 동안 너무나 지속적으로, 때로는 너무나 커다란 내적인 기쁨을 맛본 나머지, 그와 같은 기쁨을 절제하면서 겉으로 드러내 보이지 않기 위해 어쩔 줄 모르고 쩔쩔매느라 경건하기보다는 미치광이처럼 보이는 유치한 몸짓을 서슴지 않았습니다.

때로 하나님의 임재를 잠시 깜빡하기라도 했다면 하나님은 곧바로 그 영혼을 일깨워 다시 그분에게로 돌아와 하나님을 느끼도록 하셨습니다. 이 형제가 여러 가지 외적인 임무에 빠져들어 지나치게 분주히 움직일 때마다 이런 일이 종종 발생했습니다. 하지만 이렇게 내면에서 부르시는 음성이 들려오면 이 형제는 충실히 응답했습니다. 때로는 하나님께 자기 마음을 올려드리거나, 때로는 사랑 넘치는 감미로운 눈길로 하나님을 바라보거나, 때로는 "오, 하나님! 제가 여기 있습니다. 저는 전적으로 주님의 소유입니다. 오, 주님! 주님의 마음에 합당하신 대로 저에게 행하소서!" 처럼 내면에서 튀어나오는 짤막한 탄식을 사랑하는 마음으로 내뱉기도 했습니다.

그러면 사랑이신 하나님은 이처럼 짤막한 애정 어린 고백에도 흐뭇한 미소를 지으시면서, (이를테면) 이 형제의 영혼 깊숙한 중심에 자리 잡은 잠자리로 돌아가 편안히 휴식을 취하신다는 강한 인상을 받는 동시에, 분명히 그렇게 느낄 수도 있다는 것입니다. 이런 경험을 통해 이 형제는 하나님이 자기 영혼의 깊은 곳에 항상 머물러 계신다는 사실을 너무나 강하게 확신한 나머지 자신이 무슨 일을 하든지, 그리고 자신에게 무슨 일이 일어나든지 전혀 의심하지 않았습니다.

존경하는 원장님, 지금까지 이야기를 들으시고 이 형제가 얼마나 커다란 만족과 기쁨을 누리고 있는지 충분히 짐작하실 수 있으리라 생각됩니다. 이렇듯 이 형제는 자기 내면에서 끊임없이 너무나 커다란 보화를 느끼고 있었던 까닭에 더는 그 보화를 찾아다니느라 수고하거나 염려하지 않아도 되었습니다. 언제라도 가까이 다가갈 수 있을 만큼 완전히 열린 곳에 그 보화가 자리 잡고 있었으며, 원할 때마다 마음껏 자유롭게 누릴 수 있었기 때문입니다.

이 형제는 종종 사람들의 눈이 멀었다고 안타까워하면서 너무나 조그만 것들에 안주하려는 자세가 더없이 불쌍할 뿐이라고 쉼 없이 외쳤습니다. 그러면서 이렇게 말했습니다.

"하나님은 우리에게 베푸실 보화를 무한정 갖고 계십니다. 그러나 우리는 잠깐 있다가 쉽사리 사라지는 유형적인 경건행위에 안주하고 맙니다. 아, 정말 우리가 얼마나 눈이 멀었는지요! 이런 식으로 하나님의 손발을 꽁꽁 묶어놓고, 하나님의 풍성한 은혜를 떡하니 가로막고 있으니 말입니다. 그러나 하나님은 살아 있는 믿음에 푹 잠긴 영혼을 만날 때마다 풍성한 은혜를 넘치도록 부어주십니다. 하나님의 은혜는 마치 급류와도 같습니다. 평소에 잘 흘러가던 물길이 가로막히면 또 다른 출구를 찾아냅니다. 마침내 다른 물길을 찾아내면 거기로 맹렬하게 넘치듯이 흘러 내려 갑니다."

그렇습니다. 우리는 자기 눈에 그다지 귀하게 보이지 않아서 종종 이 급류를 가로막고 있습니다. 친애하는 원장님, 이제 더는 하나님이 보내시는 은혜의 급류를 가로막아서는 안 됩니다. 우리 양심을 주의 깊게 잘 살핀 다음, 둑을 헐고 길을 내어 은혜가 마음 껏 흘러가도록 해야 합니다. 그래서 지금까지 잃어버린 시간을 벌어야 합니다. 우리는 앞으로 살아갈 날이 그다지 많지 않습니다. 죽음이 우리 뒤를 바짝 따라오고 있으니 세심한 주의를 기울여야 합니다.

다시 한번 말씀드리지만 우리 양심을 주의 깊게 잘 살펴야 합니다. 지금은 절박한 시기입니다. 더는 미루지 못합니다. 각 사람은 저마다 혼자 죽음을 맞이할 수밖에 없습니다. 원장님은 충분히 대비해 놓으셨을 테니 느닷없이 마지막 순간이 닥쳐와도 전혀 놀라지 않으실 줄로 믿습니다. 그런 점에서 원장님을 칭찬하고 싶습니다. 마지막 순간을 제대로 맞이하는 일이야말로 우리 인생에서 가장 중요한 일이기 때문입니다.

그러나 우리는 항상 끊임없이 앞으로 나아가야 합니다. 영성 생활에서 전진하지 않는 것은 곧바로 후퇴한다는 뜻이기 때문입니다. 그러므로 성령의 바람과 더불어 움직이는 사람들은, 심지어 잠자는 시간 동안에도 안전하게 항해할 수 있습니다. 사나운 폭풍우가 우리 영혼의 조각배에 휘몰아친다면 얼른 거기서 주무시는 주님을 깨워야 합니다. 그러면 주님이 곧바로 바다에게 잠잠하라고 명하실 것입니다.

존경해 마지않는 원장님, 이처럼 제가 허심탄회하게 여러 가지 생각을 나누는 이유는 원장님도 자신의 경험에 비추어 지금까지 말씀드린 내용을 비교해 보기를 바라는 마음 때문입니다. 혹시라도 원장님의 마음이 아주 조금이라도 식으셨다면 이 편지에 담긴 이야기로 말미암아 다시금 불꽃이 활활 타오를 수 있었으면 좋겠습니다. 우리 믿음이 식는다면 그거야말로 하나님 앞에서 엄청난 악이기 때문입니다. 우리 모두 뜨거웠던 첫사랑을 기억하도록 합시다. 세상에서는 전혀 유명하지 않지만 하나님은 너무나 잘 알고 계신 나머지 하나님의 품에 안겨 따스한 사랑을 받고 있

는 이 형제의 모범과 여러 가지 생각을 통해 많은 유익이 있기를
바랍니다.

　원장님이 그렇게 살아갈 수 있도록 기도하겠습니다. 그리고
경애하는 원장님도 우리 주 예수 그리스도 안에 있는 형제가 계속
해서 그렇게 살아갈 수 있도록 간절히 기도해 주십시오.

　　　　　　　　　아무 보잘것없는 종 로렌스 형제로부터

친애하고 존경하는 N원장님께.

오늘 N자매로부터 책 두 권과 편지 한 통을 받았습니다. N자매는 조만간 종신 서원을 하려고 계획 중이라면서, 모두 경사스러운 의식에 즐거이 동참할 수 있도록 특별히 수녀원과 원장님을 위해 기도해 달라고 요청했습니다. 이 자매는 아주 놀라울 정도로 기도의 능력에 커다란 확신을 가지고 있는 것처럼 보이는데, 우리가 이 자매를 실망시키지 않았으면 좋겠습니다. 이 자매가 오직 하나님만을 사랑하는 마음으로 헌신할 수 있도록, 그리고 전적으로 하나님의 소유가 되겠다는 확고한 결단으로 자신을 드릴 수 있도록 하나님께 간구해 주십시오.

하나님의 임재를 다루는 두 권의 책 가운데 하나를 원장님께 보내 드립니다. 제 견해로는 하나님의 임재야말로 우리 영성생활의 전부라고 생각하는데, 적절히 하나님의 임재를 연습한다면 누구든지 머지않아 영적인 사람이 될 수 있다고 봅니다.

참된 영성을 갖추기 위해서는 우리 마음속에 자리 잡고 있는 다른 모든 것을 완전히 비워야 합니다. 하나님은 우리 마음의 유일한 주인이 되기를 바라시기 때문입니다. 하나님이 아닌 다른 모든 것을 깨끗이 비우지 않고서는 하나님이 주인이 될 수 없으므로, 그럴 경우 하나님이 우리 안에서 행하길 원하시는 모든 일이 방해를 받게 됩니다.

하나님과 꾸준히 지속적인 대화를 나누는 것보다 더 달콤하고 상큼한 삶의 방식은 존재하지 않는다고 생각합니다. 직접 하나님과 지속적인 대화를 나누면서 실제로 그 향취에 빠져보지 않은 사람들은 도대체 이게 무슨 말인지 이해하지 못할 것입니다. 그러나 저는 이와 같은 동기로 하나님과 지속적인 대화를 나누도록 연습해 보라고 원장님께 권하고 싶지 않습니다. 단지 어디에선가 영적인 위로를 받고 싶다는 마음만으로 이와 같은 훈련을 행해서는 안 되기 때문입니다. 오직 하나님을 사랑하는 마음으로 그렇게 해야 합니다. 그것이 바로 하나님의 뜻입니다.

만약 제가 설교자라면 하나님의 임재 연습 이외에는 다른 어떤 것도 설교하지 않을 것입니다. 만약 제가 영적 지도자라면 모든 사람에게 하나님의 임재를 연습하도록 조언할 것입니다. 하나님의 임재를 연습하는 일이야말로 너무나 절실하며, 동시에 그다지 어렵지 않다고 믿는 까닭입니다.

오, 하나님의 은혜와 도움이 우리에게 얼마나 절실한지를 제대로 알기만 한다면 우리는 절대 단 한순간도 하나님을 바라보는 시선을 놓치지 않을 텐데…. 저를 신뢰하고 지금 이 순간부터 절대로 하나님의 은혜에서 의도적으로 물러나지 않겠다고 성결한 마음으로 강하게 결단하십시오. 설령 하나님을 사랑하는 마음 때문에 오히려 원장님으로부터 하늘과 땅에서 얻을 수 있는 모든 위로를 다 빼앗아가는 것이 좋겠다는 판단을 하나님이 내리신다고 하더라도, 오직 하나님의 거룩한 임재 안에서만 남은 인생을 살아가십시오.

이제 원장님이 손수 쟁기를 잡으실 차례입니다. 마땅히 해야 할 일을 위해 열심히 땀을 흘리면 분명히 머지않아 수고의 열매를 풍성히 거둘 수 있을 것입니다. 저의 기도가 심히 보잘것없을 테지만 늘 기도로 돕겠습니다. 원장님의 기도와 수녀원 자매들의 기도에 저를 맡겨 드립니다. 모든 자매에게, 그리고 특별히 원장님께 더욱 간곡히 제 안부를 전해 드립니다.

아무 보잘것없는 종 로렌스 형제로부터

경애하고 존경하는 원장님께.

원장님이 N자매편에 보내주신 기도서를 잘 받았습니다. 분명히 받아보셨을 텐데 지난번에 보내 드린 책에 대해 아무런 말씀이 없으셔서 적잖이 놀랐습니다. 이제 연세가 많으시니 지금부터라도 꾸준히 책에서 알려주는 대로 연습해 보십시오. 무슨 일이든 시작하는 그 순간이 가장 이른 때입니다.

저는 수도회나 수녀원에 들어온 사람들이 날마다 하나님의 임재를 연습하지 않고서, 과연 어떻게 행복하게 살아갈 수 있는지 도무지 이해할 수 없습니다. 저에 관해 간단히 말씀을 드리자면 할 수만 있다면 제 영혼 가운데 가장 깊숙한 곳에서 하나님과 함께 편안히 쉬려고 최대한 애쓰고 있습니다. 이런 식으로 하나님과 동행할 때 저는 아무것도 두렵지 않습니다. 그러나 아주 잠깐이라도 하나님에게서 다른 데로 눈길을 돌리면 그것은 저에게 마치 지옥과도 같습니다.

하나님의 임재 연습이 우리 육체를 심하게 골병들도록 하지는 않겠지만 가끔씩, 그리고 심지어 자주 우리 육체에서 누리는 그다지 무해하거나 정당하지도 않은 위안들을 빼앗아가는 건 사실입니다. 원장님도 잘 알다시피 하나님은 우리 영혼이 하나님이 아닌 다른 어떤 것에서도 위안을 얻도록 가만히 내버려 두시지 않습니다. 하나님은 우리가 전적으로 하나님의 소유가 되기를 바라시기 때문입니다. 그것은 충분히 이해할 만합니다.

그렇다고 하나님의 임재를 연습하기 위해서 자신을 철저히 억눌러야만 한다고 말씀드리는 건 아닙니다. 그것은 절대로 아니지요! 우리는 거룩한 자유를 맛보면서 하나님을 섬겨야 합니다. 그러는 가운데 우리 마음이 다른 데로 눈길을 돌린다고 생각될 때마다 부드럽고 차분하게 우리 마음을 하나님께로 돌이키도록 도와주어야 합니다.

하나님의 임재를 연습하면서 전적으로 하나님을 신뢰하는 것과 다양한 개인 경건의 시간을 포함해서 다른 모든 걱정거리를 완전히 없애는 것이 매우 중요합니다. 개인 경건의 시간은 그 자체로 매우 좋은 것일 수도 있지만 우리가 정해 놓은 곳으로 억지로 우리를 끌고 가려는 목적이 숨어 있기에 흔히 그릇된 의도로 엉뚱한 시간에 뛰어들게 됩니다.

그러니까 하나님의 임재를 연습함으로써 이미 하나님과 동행하는 목표에 도달했는데도 우리가 거기에 도달하는 수단으로 또다시 되돌아가는 것은 바람직하지 못하다고 생각합니다. 오히려 우리는 하나님과 사랑의 관계를 계속 나누면서 때로는 경배와 찬양과 간구의 행위를 통해, 때로는 자기 헌신이나 감사하는 행위를 통해, 때로는 우리 마음을 발견할 수 있는 또 다른 방법을 통해 하나님의 거룩한 임재 안에 그대로 머물러 있어야 합니다.

이런 식으로 하나님의 임재를 연습하는 것에 대해 우리 본성이 꺼리거나 주저하는 모습을 보이더라도 전혀 낙심하지 마십시오. 계속 끝까지 밀고 나아가야 합니다. 처음에는 시간 낭비라는 생각이 종종 들겠지만 우리가 살아 있는 한 어떤 난관에도 이런 식으로 계속해서 하나님의 임재를 연습하겠다고 굳게 마음먹어야 합니다.

수녀원 자매들의 기도와 특별히 원장님의 기도에 저를 맡깁니다. 모든 자매와 원장님께 안부를 전해 드립니다. 저는 항상 우리 주님 안에 있습니다.

아무 보잘것없는 종 로렌스 형제로부터

부인께,

참으로 안타까운 일입니다. 부인께서 주변의 신실한 분들, 곧 N씨 부부에게 사사로운 일을 모두 맡기고 오직 하나님에게 기도하는 데만 전적으로 매달릴 수 있다면, 현재 부인의 인생을 틀어쥐고 있는 모든 권세를 충분히 이겨낼 뿐만 아니라 그보다 더 훌륭하신 전능자와 더불어 그 세력을 완전히 몰아내었을 텐데…. 바로 그 전능자 하나님은 우리에게 너무 많은 것을 요구하시지 않습니다. 단지 이따금 하나님을 기억하며 경배하기를 바라실 뿐입니다. 때로는 하나님의 은혜를 구해야 하고, 때로는 하나님께 아프다고 말해야 합니다. 또 때로는 우리에게 베푸신 은혜와 우리 안에서 일하시는 은총에 감사드려야 합니다.

어떤 일을 하는 도중에라도 할 수 있는 한 자주 하나님을 떠올리십시오. 밥을 먹거나 대화를 나누는 동안에도 시시때때로 하나님께 마음을 올려 드리도록 하십시오. 아무리 잠깐이라도 하나님을 기억할 수만 있다면 하나님은 언제나 흐뭇해하실 것입니다. 하나님을 기억한다고 해서 반드시 큰 소리를 내야 하는 건 아닙니다. 하나님은 우리가 생각하는 것보다 훨씬 더 가까이에 계십니다.

하나님과 동행한다고 해서 계속해서 예배당에 나가야 하는 것도 아닙니다. 오히려 우리 마음을 기도의 골방으로 만들어 시시때때로 일상에서 물러나 따뜻하고 겸손하고 사랑스럽게 하나님과 대화를 나눌 수 있습니다. 모든 사람이 얼마든지 이렇게 하나님과 친밀한 대화를 나눌 수 있습니다. 물론 사람에 따라 정도의 차이는 있습니다. 어떤 사람은 더 살갑게, 어떤 사람은 좀 무뚝뚝하게 대화를 나누기도 합니다. 하지만 하나님은 우리 각자가 어느 수준에 있는지를 잘 알고 계십니다.

그러니 일단 시작해 보십시오. 아마도 하나님은 우리 편에서 선뜻 결단하기를 간절히 기다리고 계신지도 모릅니다. 용기를 내십시오! 우리에게 남아 있는 시간이 그리 많지 않습니다. 부인도 벌써 예순넷이고, 저는 이미 여든을 바라보고 있습니다. 하나님과 함께 살고, 하나님과 함께 죽도록 합시다! 하나님과 동행한다면 무슨 고난이든 항상 달게 받으면서 기뻐하겠지만 하나님과 동행하지 않는다면 아무리 커다란 기쁨이라도 단지 잔인한 고문에 지나지 않을 것입니다. 오, 모든 사람이 하나님을 송축하게 하소서. 아멘!

그러니까 이런 식으로 하나님을 경배할 수 있도록 점차 단계적으로 습관을 만들어 가십시오. 하루의 일과시간에서, 무슨 일을 하는 도중이라도, 시시때때로, 할 수만 있다면 매 순간, 하나님께 은혜를 구하고 부인의 마음을 하나님께 올려 드리세요. 굳이 규율이나 개인 경건의 시간 따위에 얽매일 필요는 없습니다. 오직 믿음 안에서 사랑과 겸손으로 마음을 하나님께 온전히 올려 드리세요. 비록 보잘것없는 기도이기는 하지만 제가 N씨 부부와 N자매를 위해 기도하고 있다고 전해주시고, 우리 주님 안에서 그 사람들의 종이자 특별히 부인의 종이라는 점을 꼭 기억해 주십시오.

로렌스 형제로부터

경애하는 원장님께.

도저히 책으로는 저의 신앙생활에 관해서 아무런 도움을 받을 수가 없습니다. 그래도 저는 별로 걱정하지 않습니다. 다만 좀 더 커다란 확신을 얻으려고 이렇게 문의를 드리오니, 요즘 제 자신이 경험하고 있는 상태에 대한 원장님의 고견을 들려주시면 정말 기쁘겠습니다.

며칠 전, 사적인 대화를 나누다가 어떤 경건한 부인이 저에게 말하기를 영성생활이란 맹목적인 두려움에서 시작해서 영생을 바라는 소망으로 말미암아 커지고, 순수한 사랑으로 완성하는 은혜로운 삶이라고 하더군요. 또한 사람마다 각각 다른 수준에 머물러 있지만 결국에는 이처럼 행복한 완성 단계에 도달하게 된다고 주장했습니다.

그러나 지금까지 저는 이러한 방법론 가운데 어떤 것도 따르지 않았습니다. 그와는 달리 미처 알 수 없는 여러 가지 이유로 저는 처음부터 그런 방법들이 탐탁지 않았습니다. 그것이 바로 제가 수도원생활을 막 시작했을 때 죄 사함을 받기 위해 하나님께 전적으로 제 자신을 내어드리기로 결단하는 동시에 하나님을 사랑하는 마음으로 하나님이 아닌 모든 것을 포기하기로 결단한 이유였습니다.

처음 몇 해 동안 대체로 저는 죽음, 심판, 지옥과 천국을 비롯해서 다른 온갖 죄악에 관해 골몰하느라 정해진 기도시간을 모조리 허비하면서 보냈습니다. 계속해서 이런 식으로 몇 해 동안이나 세월을 보냈지요. 그러나 이후로 나머지 일생에는, 심지어 일상적인 업무를 수행하는 중에도 하나님의 임재를 연습하는 데 몰두했습니다. 저는 항상 하나님이 너무나 가까이 계시기 때문에 제 마음 깊숙한 곳에서 언제든지 만날 수 있다고 생각했습니다. 이런 식으로 하나님의 임재를 연습함으로써 오직 하나님만을 존귀하게 여기게 되었으며, 오직 믿음만으로 만족할 수 있게 되었습니다. 머지않아 저도 모르는 사이에, 막상 정해진 기도시간에도 하나님의 임재를 연습하는 데 몰두하게 되었습니다. 그래서 굉장히 커다란 위로와 달콤함을 맛보게 되었습니다. 그것이 바로 제가 하나님의 임재를 연습하는 삶을 살아온 자초지종입니다.

그러나 처음 10년 동안은 무척 고통스러웠다고 말씀드리고 싶습니다. 저의 바람과는 달리 하나님께 속한 사람이 아닐지도 모른다는 두려움, 언제나 제 눈앞에서 어른거리는 과거에 지었던 죄악들, 하나님이 저에게 소나기처럼 부어주시는 은혜…. 이러한 것들이 저를 시름시름 앓게 만든 주요 원인이자 동기였습니다.

이 기간 동안 저는 자주 넘어지기는 했지만 그럴 때마다 곧바로 일어섰습니다. 그 당시에는 모든 피조물과 지적인 추론, 그리고 하나님조차도 저를 대적하는 한편, 오직 믿음만이 제 편인 것처럼 느껴졌습니다. 때로는 다른 사람들이 어렵사리 도달하는 곳에 느닷없이 함부로 들어가려고 몸부림치는 모습이 마치 철면피처럼 뻔뻔스러울지도 모른다는 생각에 괴로워하기도 했습니다. 또 때로는 이 모든 것이 저를 무자비하게 정죄하기 위한 간사한 속임수에 지나지 않으며, 애당초 저에게 구원 같은 것은 없다는 생각에 힘겨워하기도 했습니다.

그러던 어느 날, 제가 이토록 괴로워하는 이유는 오직 하나님을 사랑하는 마음 때문이며, 하나님을 기쁘게 해드려야 한다는 거룩한 염려 때문이라고 생각하게 되었습니다. 그러니 가장 더럽고 불쌍한 죄인이 아무리 혹독한 고난을 당하더라도 그것이 하나님의 뜻이라면 남은 생애뿐 아니라 앞으로 영원무궁토록 하나님을 사랑하는 마음으로 그 모든 것을 기쁘게 이겨내겠다고 굳게 결단하면서부터 하나님께 모든 것을 완전히 맡기게 되었습니다.

이러한 괴로움과 염려 속에서 여생을 마감하는 수밖에 다른 도리가 없다는 생각(이와 같은 생각은 하나님에 대한 신뢰를 감소시키기보다 오히려 제 믿음을 강하게 키워주었지요)에서 벗어나자 갑자기 변화된 제 자신과 영혼을 깨닫게 되었습니다. 그때까지만 해도 괴로움에 짓눌려 있던 제 영혼이 깊은 내적인 평안을 맛보게 되었습니다. 마치 그 평안이 제 영혼 한가운데 자리를 잡고 편히 쉴 만한 안식처로 삼은 듯했습니다.

그때 이후로 지금까지 오직 믿음과 겸손과 사랑 안에서 하나님의 임재를 연습하려고 애써 왔으며, 하나님을 언짢게 한다면 어떤 것도 행하지 않고, 말하지 않고, 생각하지 않으려고 온 힘을 기울였습니다. 이젠 제가 할 수 있는 일을 다 했을 때 하나님이 그분의 온전하신 뜻에 따라 저에게 행하시기를 바랄 뿐입니다.

지금 저에게 일어나고 있는 일에 관해 도대체 어떻게 설명해야 할지 모르겠습니다. 그러나 현재 상태에 관해서는 아무런 고통이나 의구심도 느끼지 않습니다. 저에게는 하나님의 뜻 말고는 다른 어떤 의도도 숨어 있지 않으며, 범사에 하나님의 뜻을 이루려고 애쓸 뿐입니다. 저는 하나님의 뜻에 너무나 철저히 순복한 나머지 하나님의 질서에 어긋난다면 땅바닥에서 지푸라기 하나라도 줍지 않을 것이며, 하나님을 향한 순수한 사랑 이외에는 다른 어떤 동기도 품지 않을 것입니다.

저는 꼭 필요하지도 않은 온갖 경건 행위와 형식적인 기도를 모두 내려놓았습니다. 오직 하나님의 거룩하신 임재에 머물러 있는 데만 빠져 있습니다. 단순히 하나님께만 모든 주의를 집중시킴으로써, 그리고 사랑 가득한 마음으로 두루 하나님을 의식함으로써 그렇게 하고 있습니다. 이것은 매 순간 하나님의 임재를 연습하는 것이라고 부를 수 있을 것입니다. 또는 좀 더 멋있게 표현하자면 우리 영혼이 하나님과 고요하고 은밀하게, 거의 끊이지 않고 나누는 대화라고 부를 수도 있습니다.

때때로 이 대화는 커다란 만족과 내적인 기쁨을 선사합니다. 그러나 종종 겉으로 확연하게 드러날 만큼 너무나 커다란 기쁨을 선사하는 까닭에, 가만히 참고 있으면서 밖으로 드러내지 않으려고 하다 보면 쩔쩔매면서 어쩔 줄 모르는 사이에 경건한 사람이라기보다는 차라리 미치광이에 가까운 유치한 행동을 할 수밖에 없습니다.

마지막으로 경애하는 원장님, 저는 제 영혼이 30년 이상 하나님의 임재 가운데 머물러 있었다는 사실을 조금도 의심하지 않습니다. 혹시 원장님이 따분하게 여기시지 않도록 아주 많은 이야기를 건너뛰고는 있지만 제가 왕이신 하나님의 임재 안에 머물러 있다는 사실을 어떤 식으로 인지하게 되는지를 간략히 말씀드리는 것이 좋을 듯합니다.

저는 제 자신이 모든 인간 중에서 가장 불쌍한 자로서 염증이 곪아터진 나머지 심하게 악취를 풍길 정도라고 여길 뿐만 아니라 왕이신 하나님을 거역하고 온갖 종류의 범죄를 저지른 자라고 생각합니다.

깊이 뉘우치는 마음으로 저의 모든 악행을 하나님께 자백하여 하나님의 용서를 구하고, 하나님의 뜻대로 처분하시도록 저를 하나님의 손에 완전히 맡깁니다. 그러면 이 지극히 선하시고 자비로우신 왕께서는 저를 채찍질하기는커녕 사랑스럽게 품어주시고, 그분의 식탁에 함께 앉아서 먹게 하시며, 그분의 보물창고를 열 수 있는 열쇠를 건네주시면서, 마치 총애하는 신하를 대하듯이 모든 것을 내어주십니다.

왕이신 하나님은 저와 동행하면서 무수한 방식으로 끝없이 이야기를 나누는 데서 한없는 기쁨을 누리면서도, 제가 지은 죄를 용서한다거나 저에게 있는 옛 습관을 없애자는 말씀은 한마디도 건네시지 않습니다. 그저 친자식처럼 아무 말 없이 사랑을 쏟아 부으십니다. 비록 제가 그분 마음대로 처분하시도록 간청하더라도, 제가 얼마나 연약하고 곤고한 사람인지를 더 많이 깨달을수록 하나님은 저를 더욱 따스하게 보살펴 주십니다. 이것이 바로 제가 하나님의 거룩하신 임재 안에 늘 머물러 있다고 시시때때로 의식할 수밖에 없는 까닭입니다.

제가 가장 즐기는 일상적인 습관은 단순히 하나님께 모든 주의를 집중하는 것이며, 사랑 가득한 마음으로 두루 하나님을 의식하는 것입니다. 저는 종종 제 자신이 하나님께 찰싹 달라붙어 엄마 품에서 젖을 빠는 아이가 맛보는 것보다 훨씬 더 커다란 달콤함과 만족을 느끼게 됩니다. 그러므로 감히 이런 말을 사용해도 좋다면 기꺼이 이와 같은 상태를 하나님의 품에 안겨 젖을 먹는 것과 같다고 부르고 싶습니다. 달리 제가 하나님의 품에서 맛보는 달콤한 경험을 표현할 방법이 없습니다.

때때로 불가피한 일이나 저의 연약함으로 말미암아 이와 같은 상태에서 벗어나게 된다면 저는 곧바로 어떤 내면의 움직임을 따라 저의 자리로 돌아가게 되는데, 그것이 얼마나 멋지고 소중한 순간인지 감히 뭐라 말로 표현하기가 난감할 정도입니다. 경애하는 원장님, 원장님도 훤히 알고 계시다시피 제가 얼마나 보잘것없는 존재인지요! 그러니까 제 자신에게 주목하지 마시고, 저처럼 완전히 무가치하고 감사할 줄 모르는 영혼에게 하나님이 얼마나 놀라운 은혜를 베푸시는지 주목해 보십시오.

저는 정해진 기도시간에도 이와 같은 훈련을 계속할 뿐 이제는 다른 어떤 것에도 관심을 기울이지 않습니다. 때때로 이러한 시간에 제 자신을 마치 조각가 앞에 놓인 돌처럼 생각하면서 멋진 조각상이 되기를 바라기도 합니다. 가장 훌륭한 조각가이신 하나님 앞에 놓인 돌처럼 제 자신을 전적으로 내어 드리면서, 제 영혼에 하나님의 완벽한 형상을 새겨 완전히 하나님을 닮게 해달라고 간구합니다.

또 다른 때에는 이렇게 몰두하기 시작하자마자 저의 모든 영과 혼이 별다른 어려움이나 노력 없이도 높이 솟아올라 하나님과 함께 공중을 두둥실 떠다니면서 오직 하나님께만 집중하는 가운데 주님 안에서 편안히 쉴 곳을 찾았다고 느끼게 됩니다.

어떤 사람들은 이와 같은 상태를 나태함, 미혹, 자기애 따위로 치부한다는 것을 잘 알고 있습니다. 이런 상태에 있는 영혼이 혹시라도 그렇게 할 수 있다면 그거야말로 거룩한 게으름이요, 즐거운 자기애라고 인정하고 싶습니다. 사실 우리 영혼이 그런 식으로 편히 쉬고 있다면 지금까지 우리 영혼을 지탱해주었던 익숙한 것들이지만 결국 해를 입혔던 것들이 주는 부정적인 영향력으로 말미암아 이제 더는 고통을 받지 않을 것이기 때문입니다.

그러나 저는 이런 상태를 미혹이라고 부르도록 가만히 내버려두지 않을 것입니다. 이런 상태에서 하나님을 기뻐하는 영혼은 오직 하나님만을 원하기 때문입니다. 그러니까 제 안에 어떤 미혹이 있다면 이를 치유하시는 것 역시 하나님의 몫입니다. 하나님이 그분의 뜻에 따라 저에게 행하시기를 바랄 뿐입니다. 저는 오직 하나님만을 원하며, 완전히 하나님의 소유가 되기를 원합니다.

지금까지 제가 드린 말씀에 대해 원장님이 어떻게 생각하시는지 편지로 고견을 알려주신다면 더없이 감사하겠습니다. 이는 언제나 제가 원장님을 특별히 존경할 뿐만 아니라 원장님의 고견에 커다란 경의를 느끼기 때문입니다. 우리 주님 안에서 경애하는 원장님께 문안드립니다.

아무 보잘것없는 종 로렌스 형제로부터

경애하고 존경하는 원장님께.

저의 기도가 심히 보잘것없기는 하나 원장님을 잊지 않고 있
습니다. 원장님을 위해 기도하겠다고 약속했으니 무슨 일이 있어
도 꼭 지킬 것입니다. 우리가 복음서에서 말하는 보화를 찾아낼
수 있다면 얼마나 행복할까요? 그러면 다른 모든 것이 아무것도
아닌 것처럼 보이겠지요! 그 보화는 무궁무진하므로 깊이 파면 팔
수록 더 풍성하게 찾아낼 수 있습니다. 그러니 우리는 멈추지 말
고 계속 찾아다녀야 합니다. 그리고 보화를 찾을 때까지 지치지
않도록 조심해야 합니다.

경애하는 원장님, 앞으로 제가 어떻게 될지 모르겠지만 영혼
의 평화와 안식이 잠자는 동안에도 저에게 찾아오는 것 같습니다.

제가 감히 고난받을 수 있다고 말한다면 그것은 아마 아직도 충분히 고난받지 않았다는 생각 때문에 그럴 것입니다. 그리고 제가 너무나 많은 고난을 받는다면 저는 기꺼이 그 고난이 일시적일 뿐이라고 제 자신을 위로할 것입니다. 그 기간에 조금이라도 저의 죄과를 메우기 위해서는 기꺼이 고난받아야 한다고 믿기 때문입니다.

하나님이 저를 위해 무엇을 준비해 놓으셨는지 모르지만 저는 너무나 커다란 평화를 누리고 있어서 아무것도 두렵지 않습니다. 주님과 함께 있는데 도대체 어떻게 두려워할 수 있겠습니까? 저는 무슨 일을 하든지 온 힘을 다해 이와 같은 확신을 꽉 붙잡고 있습니다. 범사에 주님만이 찬양받게 하소서! 아멘.

아무 보잘것없는 종 로렌스 형제로부터

부인께.

하나님은 우리에게 필요한 모든 것을 알고 계시는 참 좋으신 분입니다. 저는 하나님이 부인을 궁지에서 꺼내어 주시리라고 언제나 믿고 있습니다. 다만 하나님이 적절하다고 여기시는 때에, 부인이 전혀 예상하지 못한 시간에 찾아오실 것입니다. 그 어느 때보다 더욱 간절히 하나님을 바라십시오. 지금 하나님이 부인에게 베풀고 계신 은혜를 감사하는 일에 저와 동참하시고, 특별히 각종 고난을 이겨낼 수 있도록 부인에게 허락하신 능력과 인내에 감사하십시오. 이것은 하나님이 부인을 돌보고 계신다는 확실한 징표입니다. 그러니 하나님을 위안으로 삼고 범사에 하나님께 감사하십시오.

또한 저는 N씨의 강인함과 용기에 탄복하게 됩니다. 하나님이 이 점잖은 신사에게 착한 본성과 의지를 허락하셨지만 여전히 그 안에 세상적인 욕심과 젊은 혈기가 다소 남아 있나 봅니다. 하나님이 이 신사에게 허락하신 고난을 보약으로 삼아 자기 양심을 유심히 살피는 계기가 되면 좋겠습니다. 지금이야말로 가는 곳마다 함께하시는 하나님을 전적으로 신뢰할 수 있는 절호의 기회라고 격려할 때입니다. 이 신사가 가능한 한 자주, 언제 어디서나 하나님이 함께하신다는 사실을, 특히 가장 위험한 순간에 처했을 때 기억하게 하소서!

이 신사가 해야 할 일은 오직 자기 마음을 하나님께 올려드리는 것입니다. 심지어 칼을 빼어 들고 전장으로 달려가는 중이라 하더라도, 잠깐씩 하나님을 기억하거나 내면에서 하나님을 찬양하는 행위는 아무리 짧막하더라도 하나님을 굉장히 기쁘시게 하는 기도입니다. 가장 위급한 상황에서 그와 같은 기도는 군대에 복무 중인 병사들에게 용기를 잃게 하는 것이 아니라 오히려 사기를 북돋아 줍니다. 그러므로 이 사실을 늘 기억할 수 있도록 도와주십시오. 이렇게 하찮아 보이지만 거룩한 연습을 날마다 조금씩 습관으로 삼을 수 있도록 부인이 도와주세요. 아무에게도 쉽게 눈에 띄지 않을 테니 온종일 이처럼 조그만 내면의 예배 행위를 되풀이하는 것보다 더 쉬운 일은 없을 것입니다.

지금 제가 여기서 알려 드리는 방법대로 최대한 자주 하나님을 기억하도록 격려해주세요. 날마다 생명의 위협을 당하고, 자주 부상의 위험을 감수하는 상황에 노출된 군인에게는 이것이 더욱 더 필요하고 적절한 방법입니다. 하나님이 N씨와 모든 가족을 도와주실 것입니다. 모두에게 두루 안부를 전해주세요. 특히 부인에게 문안드립니다.

　　　　　　　　　　아무 보잘것없는 종 로렌스 형제로부터

경애하고 존경해 마지않는 원장님께.

원장님이 말씀하신 이야기들은 저에게 전혀 생소한 것이 아닙니다. 온갖 잡다한 생각으로 마음이 혼란스러워지는 건 원장님 혼자만 겪는 문제는 아닙니다. 우리 마음은 변덕스럽기 짝이 없지만 우리 의지는 모든 능력의 원천이므로 흐트러진 마음을 다시 추스르고 궁극적인 목적지인 하나님께로 데려가야 합니다.

처음부터 제대로 마음을 잡지 못하고 이리저리 방황하면서 시간을 낭비하는 몇 가지 나쁜 습관을 버리지 못하고 있다면 이러한 습관을 정복하기란 매우 어렵습니다. 우리가 단단히 지키고 있음에도 대체로 그 습관들은 어느 틈엔가 이 땅에 속한 것들로 우리를 끌고 갑니다. 이에 대한 처방은 우리 허물을 인정하고 하나님

앞에서 자신을 겸손히 낮추는 것입니다.

정해진 기도시간에는 큰 소리로 기도하지 말라고 말씀드리고 싶습니다. 오랫동안 중언부언하다 보면 길을 잃는 경우가 종종 생깁니다. 마치 말 못하는 불쌍한 장애인이나 부잣집 대문 앞에 선 중풍병자 거지처럼 하나님 앞에 단단히 달라붙어 있으세요. 하나님의 임재 안에 머물러 있도록 마음을 지키는 데만 분주해지십시오. 때로는 이리저리 헤매거나 움츠러든다고 해도 전혀 염려하지 마십시오. 염려는 우리 마음을 하나님께로 되돌리기보다는 오히려 더욱 산만하게 만들 뿐입니다. 그럴 때마다 의지가 우리 마음을 부드럽게 불러들여야 합니다. 원장님이 이런 식으로 꾸준히 견뎌 나간다면 하나님이 자비를 베푸실 것입니다.

정해진 기도시간에 손쉽게 하나님께로 마음을 되돌려 그대로 단단히 붙잡아 두는 한 가지 방법은 다른 시간 동안에도 원장님의 생각이 제멋대로 활개 치지 못하게 하는 것입니다. 그러니까 일과 중에도 하나님의 임재 안에 머물도록 마음을 단단히 붙잡아 두어야 합니다. 마음속에서 그런 식으로 자꾸만 되풀이해서 익숙해지다 보면 기도시간에 평온함을 유지하는 것이나 적어도 방황하는 마음을 다시 불러들이는 것이 훨씬 수월해질 것입니다.

하나님의 임재를 연습하는 데서 얻는 여러 가지 유익에 대해서라면 지금까지 이미 다른 편지로 충분히 말씀드렸습니다. 그러니 이제부터 하나님의 임재를 연습하는 일에 진지하게 몰두하면서 서로를 위해 기도하도록 합시다. N자매의 기도와 경애하는 N원장님의 기도에 저를 맡겨드립니다. 우리 주님 안에서 모든 분에게 안부를 전해주세요.

아무 보잘것없는 종 로렌스 형제로부터

경애하고 존경하는 원장님께.

여기 N자매로부터 받은 편지에 대한 답장을 함께 보내오니 다소 수고스럽더라도 이 편지를 N자매에게 좀 전해주십시오. 물론 이 자매의 마음속은 선한 의도로 가득하지만 하나님이 허락하시는 은혜보다 훨씬 더 빨리 앞서가고 싶어 하는 것처럼 보이는군요.

어느 날 갑자기 성인이 되는 사람은 아무도 없습니다. 원장님이 이 자매를 살뜰히 챙겨주시면 좋겠습니다. 우리는 서로 권면하는 말로 도와주어야겠지만 훌륭한 모범을 보임으로써 서로 도와주는 것이 더 중요합니다. 시시때때로 이 자매에 관한 소식을 들려주신다면 정말 감사하겠습니다. 아주 열정적으로 순종하고 있는지 한 번씩 알려주십시오.

친애하는 원장님, 우리가 이생에서 해야 할 유일한 일은 하나님을 기쁘게 하는 것임을 늘 상기해야 합니다. 나머지 다른 모든 것은 어리석고 덧없는 것에 지나지 않습니다. 지금까지 원장님과 저는 40년 이상이나 수도생활을 해왔습니다. 그런데 우리가 바로 그 목적을 위해 그분의 자비하심으로 우리를 수도생활로 불러주신 하나님을 제대로 사랑하고 섬기면서 살아왔을까요? 저는 한편으로 하나님이 지금까지 너무나 풍성한 은혜를 베풀어 주셨으며, 지금도 쉬지 않고 계속해서 베풀어 주신다는 생각에, 다른 한편으로 그 은혜를 온전히 활용하지 못했을 뿐만 아니라 그리스도인의 완전으로 나아가는 길에서 별다른 진전을 이루지 못했다는 생각에 부끄럽고 당혹스러울 따름입니다.

자비하신 하나님이 아직도 우리 두 사람에게 잠시나마 더 시간을 허락해주시니 이제라도 더욱 진지한 자세로 시작해야 합니다. 이제라도 완전한 확신을 가지고 선하신 하나님 아버지께로 돌아가야 합니다. 하나님은 언제나 우리를 애정 어린 마음으로 받아줄 준비를 끝내고 계십니다.

친애하는 원장님, 다른 모든 것은 모조리 끊어버려야 합니다. 오직 하나님을 사랑하는 마음으로 하나님이 아닌 모든 것을 아낌없이 포기해야 합니다. 하나님은 더없는 사랑을 받기에 충분한 분입니다. 끊임없이 하나님을 사랑하고 전폭적으로 하나님을 신뢰해야 합니다. 그러면 머지않아 우리 두 사람이 하나님을 신뢰한 혜택을 경험할뿐더러 하나님의 은혜를 더욱 풍성하게 경험하리라고 굳게 믿어 의심치 않습니다. 그 은혜로는 무엇이든지 할 수 있습니다. 하지만 하나님의 은혜 없이는 아무것도 할 수 없으며, 오직 죄만 지을 뿐입니다!

바로 지금 하나님의 도우시는 손길이 없다면 우리는 인생 곳곳에 숨어 있는 온갖 위험과 암초를 피할 수 없습니다. 그러니 하나님의 도우심을 계속해서 구해야 합니다. 그런데 우리가 하나님과 동행하지 않는다면 도대체 어떻게 하나님의 도우심을 구할 수 있을까요? 반드시 우리 내면에서 이루어져야 할 거룩한 훈련을 통하지 않는다면 과연 하나님에 대해서 얼마나 자주 생각할 수 있을까요? 제가 늘 앵무새처럼 똑같은 말만 되풀이한다고 여기실지도 모르겠습니다. 맞는 말씀입니다! 저로서는 이보다 더 적절하고 손쉬운 방법을 알지 못하고 있습니다. 그리고 저는 다른 어떤 방법도 훈련하고 있지 않는 탓에 오직 그 방법만을 모든 사람에게 권하고 있을 뿐입니다.

우리는 어떤 사람과 친해져야 비로소 그 사람을 사랑할 수 있습니다. 하나님과 친해지기 위해서는 자주 하나님을 생각해야 합니다. 그리고 하나님을 사랑하게 될 때 하나님을 더욱 자주 생각하게 됩니다. 보화가 있는 곳에 우리 마음도 있는 법입니다. 그러므로 줄기차게 하나님을 생각해야 합니다. 저는 늘 우리 주님 안에 머물러 있습니다.

아무 보잘것없는 종 로렌스 형제로부터

부인께.

지금까지 N씨에게 편지를 써야겠다고 마음먹기가 어려웠습니다. 다만 부인과 N양이 간곡히 부탁해서 여기에 동봉하니 잊지 말고 겉봉에 N씨의 주소를 적어 본인에게 잘 도착할 수 있도록 조치해 주십시오. 부인이 그토록 하나님을 신뢰하니 참 흐뭇합니다. 하나님이 그 신뢰를 점점 더 키워주시기를 바랍니다. 선하고 신실하신 친구인 하나님을 신뢰하는 일에는 다함이 없습니다. 하나님은 이생에서나 내세에서나 절대 우리를 잃어버리지 않을 것입니다.

지금까지 줄곧 친구를 잃고서 힘들어하던 N씨가 오히려 이 고통을 전화위복으로 삼아 하나님을 온전히 신뢰하는 법을 깨닫게 된다면 하나님은 머지않아 훨씬 더 친밀하고 호의적인 친구를 허락하실 것입니다. 그분이 원하시는 대로 사람의 마음을 움직이는 분이 바로 하나님이시기 때문입니다. 아마도 이 신사는 세상을 떠난 친구를 너무 지나칠 만큼 세속적으로 좋아했던 모양입니다. 우리는 마땅히 친구를 사랑해야 하지만 하나님을 향한 사랑을 침해하지 않는 범위 내에서 사랑해야 합니다. 그것이 가장 우선입니다.

제가 부인께 권고하는 것을 부디 잊지 마십시오. 바로 낮이나 밤이나 무슨 일을 하든지, 운동하거나 오락을 즐길 때조차도 자주 하나님을 생각하라는 것입니다. 하나님은 늘 부인 가까이에 계시며, 부인과 항상 함께하십니다. 하나님을 혼자 내버려 두지 마십시오. 누구든 자기 집을 방문한 친구를 혼자 내버려 둔다면 무례하다고 생각할 것입니다. 그렇다면 도대체 왜 우리는 하나님을 혼자 내버려 두는 걸까요? 그러니 하나님을 잊어버리지 마십시오! 자주 하나님을 생각하십시오! 쉬지 말고 하나님을 경배하십시오! 하나님과 생사고락을 함께하십시오! 이것이 바로 우리 그리스도인이 실제 삶에서 받는 아름다운 부르심입니다. 다시 말해 그것이야말로 우리에게 가장 큰 기쁨입니다. 지금까지도 그것을 모른다면 당연히 배워야 하겠지요. 기도로 부인을 돕겠습니다. 저는 늘 우리 주님 안에 머물러 있습니다.

아무 보잘것없는 종 로렌스 형제로부터

친애하고 존경하는 원장님께.

저는 요즘 원장님을 온갖 고난에서 건져달라고 기도하는 대신, 원장님이 고통받는 게 하나님의 뜻이라면 마땅히 받아야 할 고난을 이겨낼 능력과 인내를 달라고 간절히 구하고 있습니다. 원장님을 십자가에 단단히 붙잡아 두고 계시는 하나님으로 위안을 삼으세요. 하나님이 가장 적합하다고 판단하시는 때에 원장님을 고난에서 자유롭게 풀어주실 것입니다. 하나님과 함께 고난받는 사람은 복이 있습니다. 자기 십자가를 짊어지고 고난받는 것에 익숙해지십시오. 하나님이 원장님을 위해 꼭 필요하다고 판단해서 허락하시는 모든 고난을 이겨낼 만한 힘을 달라고 간구하십시오.

세상은 이러한 진리를 이해하지 못합니다. 그것은 하나도 놀

라운 일이 아닙니다. 오히려 저를 놀라게 하는 것은 그리스도인들
조차도 세상 사람들처럼 고난을 맞이한다는 사실입니다. 사람들
은 질병을 하나님의 은혜가 아니라 육신의 고난으로만 받아들입
니다. 그런 탓에 단지 육신을 거스르면서 힘들게 한다는 것 말고
는 질병으로부터 아무것도 깨닫지 못합니다. 그러나 이러한 고난
이 하나님의 손길에서 비롯되는 것이며, 하나님의 자비로 말미암
은 결과이며, 구원으로 인도하려고 하나님이 사용하시는 수단이
라고 생각하는 사람들은 거기에서 구체적으로 맛볼 수 있는 달콤
함과 위로를 얻게 됩니다.

별 탈 없이 건강할 때보다 오히려 병약해졌을 때 하나님은 우
리와 더욱 가까이 계신다는 사실을 스스로 확신할 수 있길 바랍니
다. 하나님 말고는 다른 어떤 의사도 쳐다보지 마십시오. 제가 이
해하는 바로는 하나님이 친히 원장님을 치료하기 원하십니다. 그
러니 하나님을 온전히 신뢰하십시오. 하나님보다 의사의 처방을
더 많이 신뢰한다면 지금까지 늦추어 두었던 악영향들이 머지않
아 우리에게 속속들이 드러나게 하실 것입니다.

원장님이 어떤 처방을 활용하든 간에 하나님이 허락하시는 범
위 안에서만 효과를 나타낼 것입니다. 하나님으로부터 비롯된 고
난이라면 오직 하나님만이 치료하실 수 있을 것입니다. 하나님은
종종 우리 영혼의 질병을 고치기 위해 우리에게 육신의 질병을 허

락하십니다. 그러므로 영혼과 육신을 모두 고치시는 주권자이자 의사이신 하나님께만 위안을 받으면 좋겠습니다.

아마 원장님은 제가 주님의 식탁에서 먹고 마시는 문제를 너무 쉽게 다룬다고 여기실지 모르겠습니다. 옳으신 말씀입니다. 그러나 이 세상에서 가장 흉악한 범죄자가 용서를 받았다는 확신도 없이, 왕이신 하나님의 식탁에 앉아 먹고 마시면서 친히 왕의 시중을 받는다는 것이 어찌 전혀 괴롭지 않다고 생각할 수 있겠습니까? 사실상 그 사람은 너무나 극심한 고통을 느낀 나머지 오직 선하신 주권자를 전폭적으로 신뢰해야만 하는 그런 상태에서 벗어날 수 있다고 여길 것입니다. 그러므로 제가 왕이신 하나님의 식탁에서 먹고 마시는 데서 아무리 달콤한 맛을 느낀다고 하더라도, 저의 눈앞에서 항상 어른거리는 죄악들과 더불어 감히 용서를 받았는지 확신할 수 없다는 사실로 말미암아 심히 괴로워하지 않을 수 없다고 분명히 말씀드릴 수 있습니다. 비록 진리 안에서 그 고난이 저에게 커다란 기쁨이기는 해도 말입니다.

하나님이 원장님으로 하여금 처하게 하신 상태에 자족하기 바랍니다. 원장님이 저를 아무리 행복하다고 여길지라도 저는 오히려 원장님이 부럽습니다. 하나님과 함께라면 아무리 커다란 고통과 고난일지라도 오히려 저에게는 낙원이지만 하나님이 없다면 아무리 커다란 기쁨이라도 저에게는 지옥과 마찬가지일 것입니다. 저에게 가장 커다란 위안거리는 하나님을 위해 어떤 고난이든 달게 받는 것입니다.

머지않아 저에게도 하나님을 만나러 가야 할 순간이 다가올 것입니다. 다시 말해 하나님께 낱낱이 회계 보고를 드리러 가야 할 순간이 찾아올 것입니다. 그러나 단 한순간이라도 하나님을 만나 뵐 수 있다면 아무리 커다란 영혼의 고난이라도 달게 받을 것입니다. 심지어 그것이 이 세상 끝날 때까지 지속된다고 하더라도 말이지요. 이 세상에서 저에게 가장 커다란 위안을 주는 것은 믿음으로 하나님을 바라보는 것입니다. 저는 때때로 "이제 억지로 믿으려고 하기보다 자연스레 믿음이 우리에게 가르쳐주는 것들을 그냥 바라보면서 향유할 뿐입니다"라고 고백할 수밖에 없는 방식으로 하나님을 만나고 있습니다. 저는 이와 같은 확신과 신앙훈련의 기초 위에서 하나님과 생사고락을 함께할 것입니다.

그러므로 항상 하나님과 동행하십시오. 그것이 바로 원장님이 고통 중에 위로를 얻는 유일한 길입니다. 하나님이 늘 원장님과 함께하시기를 간구하겠습니다. 다시 한번 경애하는 N원장님께 문안드리며, 수녀원에 계신 모든 자매의 기도와 원장님의 기도에 저를 맡겨 드립니다. 저는 늘 우리 주님 안에 머물러 있습니다.

아무 보잘것없는 종 로렌스 형제로부터

친애하고 존경하는 원장님께.

원장님은 자비로우신 주님이 기꺼이 저에게 허락하신 '하나님의 임재를 계속해서 맛보는 상태'에 도달하기 위해 지금까지 활용해 온 방법을 가르쳐 달라고 지속적으로 요청해 오셨습니다. 그러나 상당히 오랫동안 내키지 않는 마음으로 버티고 있었는데, 이제는 원장님의 끈질긴 열망에 감동하여 솔직히 말씀드리지 않을 수 없습니다. 그래도 아무에게도 보여주지 않는다는 조건으로 이 편지를 쓰고 있는 것입니다. 그러니 이 편지를 다른 사람에게 보여주었다는 사실이 드러나게 되면 원장님이 완전해지기를 바라는 저의 열망이 아무리 간절하더라도 계속 이와 같은 이야기를 나눌수는 없을 것입니다.

제가 원장님께 드릴 말씀은 이런 것입니다. 하나님께로 나아가기 위한 다양한 방법론과 영성생활을 위한 다양한 훈련에 관해 다룬 여러 책을 살펴보기는 했지만 그 책들은 제가 추구하는 것을 더 쉽게 얻도록 하기는커녕 오히려 제 마음을 혼란스럽게 만들 뿐이라고 여겨졌습니다. 저는 오직 하나님께 전적으로 속하는 방법만을 추구했을 따름입니다. 이를 위해 저는 다른 모든 것을 포기하기로 작정했습니다.

그러니까 제가 저지른 모든 죄를 씻기 위해 하나님께 제 자신을 모두 드린 뒤로는 하나님을 사랑하기 위해 하나님께 속하지 않은 모든 것을 포기하였으며, 이 세상에 오직 하나님과 저만 존재하는 것처럼 살아가기 시작했습니다. 때때로 저는 하나님 앞에서 제 자신을 재판관의 발아래 엎드린 범죄자처럼 생각하였으며, 또 때로는 저의 심령 속에 머물러 계신 하나님을 아버지처럼 여기기도 하였습니다.

저는 가능한 한 자주 그 자리에서 하나님을 경배하면서 하나님의 거룩하신 임재에 제 마음을 집중하였으며, 제 마음이 하나님으로부터 산만해질 때마다 다시금 그 임재를 떠올렸습니다. 이와 같은 훈련을 하면서 찾아오는 온갖 어려움에도 흔들림 없이 계속하면서 뜻하지 않게 산만해질 때조차도 괴로워하거나 염려하지 않게 되자, 별다른 어려움 없이 하나님의 임재 연습에 집중할 수 있었습니다. 저는 따로 정해진 기도시간뿐만 아니라 온종일 이와 같은 훈련을 계속하였습니다. 무시로, 시시각각으로, 매 순간, 심지어 가장 분주한 일과 시간에도, 제게서 하나님을 생각하지 못하도록 가로막을 수 있는 모든 것을 마음으로부터 떨쳐버리고 내쫓았습니다.

친애하는 원장님, 이것이 바로 수도회로 들어온 이래 지금까지 제가 줄곧 계속해 온 평범한 습관입니다. 비록 제가 상당히 소심하고 불완전하게 훈련해 왔지만 그런데도 이로부터 실로 엄청난 혜택을 누렸습니다. 이처럼 제가 받은 모든 복과 은혜는 바로 우리 주님의 긍휼하심과 선하심 덕분임을 너무나 잘 알고 있습니다. 하나님 없이는 아무것도 할 수 없는 존재가 바로 우리이기 때문입니다. 특히 다른 사람들보다 더 미약한 자로서 제 자신은 더욱 그렇습니다.

그러나 우리가 하나님의 거룩하신 임재에 자신을 신실하게 집중할 때, 하나님이 늘 우리 앞에 계신다는 사실을 놓치지 않을 때, 그와 같은 사실과 더불어 이로 말미암아 하나님을 거역하지 않으면서 하나님을 기쁘게 하지 않는 일을 의도적으로 저지르지 않게 될 때 우리는 자신에게 필요한 은혜를 하나님께 마음껏 구할 수 있는 거룩한 자유를 누리게 됩니다. 마지막으로 이와 같은 훈련을 반복하다 보면 그것이 우리에게 더욱 친숙해지고 하나님의 임재가 마치 우리 본성의 일부처럼 자리 잡게 됩니다.

지극한 선하심으로 저를 대해주시는 하나님께 감사하는 일에
부디 저와 함께 동참해 주십시오. 저 같이 불쌍한 죄인에게 그토
록 놀라운 은혜를 베풀어주시는 하나님을 아무리 찬양해도 모자
랄 것입니다. 오, 주님! 모든 사람이 하나님을 찬양하게 하소서.
아멘! 저는 늘 우리 주님 안에 머물러 있습니다.

아무 보잘것없는 종 로렌스 형제로부터

친애하는 원장님께.

우리가 정말로 하나님의 임재를 연습하는 일에 익숙해지게 되면 온갖 육신의 질병도 단지 하찮아 보일 뿐입니다. 흔히 하나님은 우리를 정화시켜 하나님과 함께 머물러 있도록 하기 위해 우리에게 자그마한 고통을 허락하십니다. 하나님과 동행하면서 오직 하나님만을 바라는 영혼은 얼마나 그런 고통을 잘 감당하게 되는지, 감히 이해하기 힘들 정도입니다. 지금까지 제가 겪은 경험은 이를 입증하고도 남습니다.

용기를 내십시오. 원장님의 고통을 끊임없이 하나님께 아뢰십시오. 온갖 고난을 이겨낼 만한 힘을 달라고 간구하십시오. 다른 무엇보다 하나님과 자주 대화를 나누는 습관을 기르고, 원장님은 할 수 있는 한 하나님을 잊어버리지 않도록 노력하십시오. 병약한 가운데 하나님을 경배하고, 마치 희생제물을 드리듯 시시때때로 하나님께 원장님의 병약함을 아뢰십시오. 가장 심각한 고통이 찾아왔을 때는 마치 어린아이가 사랑하는 아버지에게 말하듯이 겸손하고 다정하게 하나님께 구하십시오. 하나님의 거룩한 뜻을 순순히 따르고 하나님의 은혜로운 도우심을 내려달라고 요청하십시오. 비록 보잘것없고 연약하지만 원장님이 이렇게 할 수 있도록 저도 돕겠습니다.

하나님은 갖가지 방법으로 우리를 하나님께로 이끄십니다. 그러나 때로는 우리로부터 숨으십니다. 그래도 우리는 오직 믿음만을 의지해야 합니다. 믿음은 어려움이 닥쳐올 때마다 반드시 우리를 도와주기 때문입니다. 우리는 하나님에 대한 믿음을 모든 신뢰와 확신의 유일한 기초로 삼아야 합니다.

앞으로는 하나님이 저에게 어떻게 행하실지 모르겠지만 저는 날마다 점점 더 행복합니다. 사람들은 저마다 크고 작은 고통을 당하기 마련이지만 혹독한 고난을 당해야 마땅한 저로서는 너무나 지속적으로 엄청난 기쁨을 누리고 있어서, 감히 제 자신을 다스리기 힘들 정도입니다.

원장님의 고통을 함께 나눌 수 있도록 해달라고 하나님께 기꺼이 간구하고 싶었지만 제가 누구보다도 연약한 사람임을 잘 알

고 있기에 어쩔 수 없이 그만두었습니다. 그 연약함이 너무나 큰
지라 하나님이 잠시라도 저를 혼자 내버려 두신다면 저는 모든 피
조물 중에서 가장 비참한 존재가 되었을 것입니다. 그러나 과연
어떻게 하나님이 저를 혼자 내버려 둘 수 있을지 상상하기조차 힘
들 정도입니다. 왜냐하면 믿음으로 말미암아 하나님은 저에게 너
무나 생생하게 다가온 나머지, 마치 제가 하나님을 실제로 만지고
있는 것처럼 느껴지기 때문입니다.

먼저 우리가 하나님께로부터 돌아서지 않는다면 하나님은 절
대 우리에게서 돌아서지 않으십니다. 그러므로 우리가 하나님께
로부터 돌아서지 않도록 합시다. 늘 하나님 편에 머물러 있도록
합시다. 하나님과 생사고락을 함께하도록 합시다. 저를 위해 하나
님께 기도해 주십시오. 저도 원장님을 위해 기도하겠습니다.

아무 보잘것없는 종 로렌스 형제로부터

친애하는 원장님께.

원장님이 그토록 오랫동안 병마에 시달리는 것을 보니 참으로 마음이 아픕니다. 그나마 원장님의 고통으로 말미암아 아픈 제 마음을 달랠 수 있는 이유는 그것이 바로 원장님을 향한 하나님의 사랑을 보여주는 증거라고 확신하기 때문입니다. 원장님도 이런 식으로 자신의 고통을 바라보면 좋겠습니다. 그러면 한결 견뎌 내기가 수월해질 것입니다.

제 생각으로는 원장님이 모든 인간적인 치유책을 그만두고 전적으로 하나님의 섭리에 자신을 맡기는 편이 좋겠습니다. 아마도 하나님은 원장님을 친히 고치기 위해 이처럼 자신을 전폭적으로 맡기고 하나님을 완전히 신뢰하기를 기다리고 계실지도 모릅니다. 지금까지 사용한 온갖 치유책에도 그 치유책이 마땅히 효과를 발휘하기보다는 오히려 병세가 깊어지고 있으므로, 하나님의 손에 모든 것을 맡긴 채 하나님의 뜻대로 원장님이 스스로 처방전을 내놓는 것도 전혀 나쁘지 않을 것입니다.

앞선 마지막 편지에서 말씀드린 대로 하나님은 때때로 우리 영혼의 질병을 고치시기 위해 육신의 고통을 허락하시기도 합니다. 그러니 용기를 내십시오. 원장님의 갈급함을 아름다운 미덕으로 갈고 닦으십시오. 하나님께 육신의 고통에서 건져달라고 구하는 것이 아니라 그것이 하나님의 뜻이라면 하나님이 원하시는 대로 하나님의 사랑을 위해 용감하게 감당할 힘을 달라고 간절히 기도해 보십시오.

분명히 이러한 기도는 우리 인간의 본성을 거스르는 힘겨운 일입니다. 그러나 이러한 기도야말로 하나님이 매우 기뻐하시는 것이며, 하나님을 사랑하는 사람에게는 정말 달콤한 것입니다. 사랑은 고통을 누그러뜨리기에 하나님을 사랑할 때 우리는 하나님을 위해 즐겁고 담대하게 고통을 감내해야 합니다. 부디 원장님께 바라오니 우리가 겪는 모든 질병의 유일한 치료자이신 하나님만을 위안으로 삼으십시오.

하나님은 고통받는 자들의 아버지시며, 늘 우리를 도와주시려고 준비하고 계십니다. 하나님은 우리가 생각하는 것보다 더 우리를 사랑해 주십니다. 그러므로 하나님을 사랑하세요. 이제 더는 하나님이 아닌 다른 어떤 것으로도 위로를 구하지 마십시오. 조만간 원장님이 그런 위로를 얻기를 간절히 바랍니다. 이제 마지막 작별 인사를 드려야겠습니다. 비록 아무 보잘것없지만 저의 기도로 원장님을 돕겠습니다. 저는 언제나 주님 안에 머물러 있습니다.

아무 보잘것없는 종 로렌스 형제로부터

포기하지 말고 주님의 문을 두드리라

이 세상에서 가장 사랑하는 원장님께.

그토록 간절히 바라더니 이제 원장님의 통증이 다소 누그러졌다는 소식을 들으니까 그저 주님께 감사할 따름입니다. 제 자신도 여러 차례 사선을 넘나들어 보았지만 그보다 더 행복했던 적은 한 번도 없었습니다.

그래서 저는 고통에서 벗어나기를 간구하는 대신 담대하고 겸손하고 다정하게 고통을 이겨낼 힘을 달라고 기도했습니다. 그러니 친애하는 원장님, 용기를 내십시오. 하나님과 더불어 고통을 달게 받는 게 얼마나 멋진 일입니까! 원장님의 고통이 아무리 크더라도 하나님을 사랑하는 마음으로 넉넉히 이기기를 바랍니다.

하나님과 더불어 고통을 달게 받으면서 하나님과 함께 머무는 곳이 바로 낙원입니다. 만약 이생에서 시작되는 낙원의 평화를 누리기 원한다면 우리는 하나님과 친밀하고 겸손하며 사랑이 넘치는 대화를 나누는 데 익숙해져야 합니다.

어떤 경우에도 우리 마음이 이 대화에서 벗어나 이리저리 방황하도록 가만히 내버려 두어서는 안 됩니다. 하나님을 위해 자기 마음을 쉼 없이 하나님을 경배하는 신령한 성전으로 삼아야 합니다. 끊임없이 자신을 살펴서 하나님이 기뻐하시지 않는 것이라면 아무것도 행하거나 말하거나 생각하지 않도록 해야 합니다. 이런 식으로 하나님께 집중할 때 어떤 고난이라도 이제는 달콤함과 기름 부으심과 위로로 채워지게 될 것입니다.

이와 같은 상태에 도달하기 위해 시도한다는 것 자체가 지극히 어렵다는 사실을 너무나 잘 알고 있습니다. 왜냐하면 순전히 믿음 안에서만 행동해야 하기 때문입니다. 하지만 주님의 은혜가 있으면 모든 것을 할 수 있다는 사실과 간절히 구하는 사람에게 그 은혜를 넉넉히 부어주신다는 사실을 잊지 마십시오.

주님의 문을 두드리세요. 계속해서 두드리세요. 원장님이 낙망하지 않는다면 하나님의 때가 이르러 하나님이 반드시 열어 주시리라고 확신합니다. 하나님이 몇 년 동안 미루어 두셨던 것들을 한꺼번에 모두 다 허락해주실 것이라고 확실히 말씀드릴 수 있습니다.

이제 마지막 작별 인사를 드려야겠군요. 제가 원장님을 위해
기도하는 것처럼 원장님도 저를 위해 하나님께 기도해 주십시오.
저는 머지않아 주님을 뵙고 싶습니다.

아무 보잘것없는 종 로렌스 형제로부터

친애하는 원장님께.

하나님은 우리의 필요를 가장 잘 알고 계시며, 하나님이 행하시는 일들은 모두 우리 유익을 위한 것입니다. 하나님이 얼마나 우리를 사랑하시는지 제대로 알았다면 우리는 늘 하나님의 손에서 전달되는 달콤한 것과 쓰라린 것을 차별 없이 동일하게 받아들일 준비가 되어 있을 것입니다. 심지어 아무리 어렵고 고통스러운 일이라도 달콤하고 유쾌하게 받아들일 것입니다. 아무리 힘겨운 고난이라도 바라보는 관점에 따라 쉽게 이겨낼 수 있을 것처럼 보이기도 하고, 도저히 이겨낼 수 없을 것처럼 보이기도 합니다. 우리 삶 속에서 역사하는 것이 바로 하나님의 손길이며, 이러한 굴욕, 아픔, 고난의 상태를 허락하시는 분이 바로 사랑으로 충만하신 하나님 아버지라고 확신한다면 모든 쓰라림은 없어지고 오직 달콤함만이 남을 것입니다.

그렇기에 우리는 하나님을 아는 것을 가장 큰 본분으로 삼아야 합니다. 하나님을 더 많이 알면 알수록 점점 더 많이 하나님을 알고 싶어지기 때문입니다. 그리고 우리가 친밀감을 기준으로 사랑을 평가한다면 하나님과 점점 더 깊고 넓은 친밀감을 형성할수록 우리 사랑은 점점 더 커질 것입니다. 하나님을 향한 사랑이 한없이 커진다면 우리는 고난당할 때나 위로받을 때나 한결같이 하나님을 사랑하게 될 것입니다.

이미 받은 은혜나 앞으로 받을 은혜가 아무리 광대하다고 할지라도 하나님이 지금까지 우리에게 베푸신 은혜로 말미암아 하나님을 갈망하거나 사랑하지 않도록 주의해야 합니다. 아무리 그 은혜가 크다고 할지라도 믿음이 단순한 행위를 통해 하나님께로 가까이 인도하는 만큼 이러한 은혜는 절대 우리를 하나님께로 가까이 인도하지 못합니다. 그러니 오직 믿음으로 하나님을 자주 찾아야 합니다. 하나님은 우리 안에 계시므로 다른 곳에서 하나님을 찾아서는 안 됩니다.

우리가 하나님을 혼자 내버려 둔다면 커다란 결례가 되지 않겠습니까? 하나님을 기쁘시게 하지 못하고, 오히려 진노하게 하는 무수한 하잘것없는 일에 마음을 빼앗긴 채로 시간을 낭비하면서도 하나님을 혼자 내버려 두는 죄를 저지르고 있지는 않습니까? 그런데도 하나님은 우리에게 인내하고 계시지만 언젠가 그로 말미암아 값비싼 대가를 치르지 않을까 심히 두렵습니다.

우리 함께 본격적으로 하나님의 소유가 되도록 노력해야 합니다. 우리 마음과 생각에서 하나님이 아닌 모든 것을 쫓아내어야 합니다. 하나님은 우리 마음과 생각의 영역에서 유일한 주인이 되기를 원하십니다. 그러므로 하나님을 우리 생각의 유일한 대상으로 삼을 수 있도록 은혜를 구해야 합니다. 우리 편에서 할 수 있는 일에 최선을 다하고 나면 머지않아 우리가 간절히 바라던 변화가 자신에게 일어날 것입니다.

하나님이 원장님의 고통을 다소나마 누그러뜨리셨다니 뭐라 감사해야 할지 모를 정도입니다. 저는 며칠 내로 하나님을 뵐 수 있는 은혜를 주시도록 하나님의 자비하심을 바라고 있습니다. 우리 함께 서로를 위해 기도하도록 합시다. 저는 늘 우리 주님 안에 머물러 있습니다.

아무 보잘것없는 종 로렌스 형제로부터

—

로렌스 형제는 이 편지를 마지막으로 1691년 2월 12일 여든 살의 나이로 그토록 사랑하던 하늘 아버지의 품에 안겼다.

하나님은 갖가지 방법으로
우리를 하나님께로 이끄십니다.
그러나 때로는 우리로부터 숨으십니다.
그래도 우리는 오직 믿음만을 의지해야 합니다.
믿음은 어려움이 닥쳐올 때마다
반드시 우리를 도와주기 때문입니다.

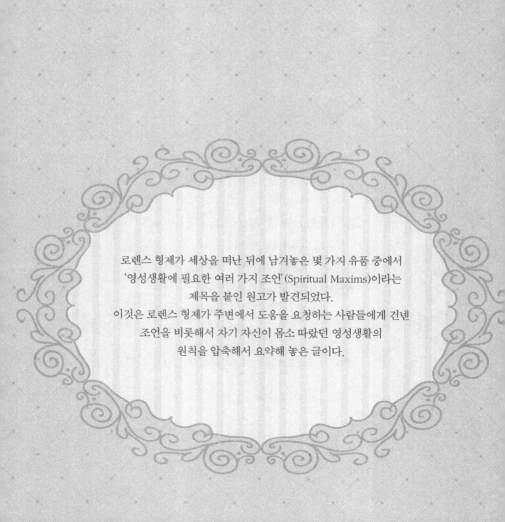

로렌스 형제가 세상을 떠난 뒤에 남겨놓은 몇 가지 유품 중에서
'영성생활에 필요한 여러 가지 조언'(Spiritual Maxims)이라는
제목을 붙인 원고가 발견되었다.
이것은 로렌스 형제가 주변에서 도움을 요청하는 사람들에게 건넨
조언을 비롯해서 자기 자신이 몸소 따랐던 영성생활의
원칙을 압축해서 요약해 놓은 글이다.

02

― 조언 ―

영성생활에 필요한 여러 가지 조언

믿는 자에게는 능치 못할 일이 없으며, 간절히 바라는 자에게는 그보다 더 많은 일이 가능하며, 사랑하는 자에게는 그보다 훨씬 더 많은 일이 가능합니다. 그러나 이 세 가지 미덕을 실천하면서 오래 참는 자에게는 이 모든 것보다 훨씬 더 많은 일이 가능합니다. 지금까지 모든 거듭난 성도는 저마다 완전으로 인도하는 길로 나아가기 위해 첫 발걸음을 떼었으며, 그 행동 양식에서 다음과 같은 지침을 끈기 있게 훈련한다면 모두 완전에 이르게 될 것입니다.

첫째, 우리는 행동하고 말하는 것뿐만 아니라 시작하는 모든 일에서 언제나 하나님과 하나님의 영광에 시선을 고정해야 합니다. 우리는 이생에서 하나님을 온전히 섬기는 예배자로 서는 것을 목표로 삼아 열심히 좇아가야 합니다. 우리가 영원무궁토록 그런 모습으로 서 있기를 원하기 때문입니다. 그러므로 우리는 먼저 영성생활에서 부닥치는 갖가지 어려움을 하나님의 은혜로 이겨내겠다고 굳게 다짐해야 합니다.

둘째, 영성생활을 시작할 때 우리는 자신의 존재를 깊이 있게 성찰해야 합니다. 그러면 갖은 조롱을 당할 수밖에 없으며, 그리스도인이라고 불릴 만한 자격도 없고, 마땅히 온갖 종류의 고난과 무수한 불행을 겪어야 할 존재임을 스스로 깨닫게 될 것입니다. 이토록 비통한 지경에 빠지게 되면 엄청나게 괴로울 뿐 아니라 건강, 기분, 안팎으로 드러나는 성질까지도 불안정해집니다. 다시 말해 하나님이 안팎으로 수많은 역경과 고난을 통해 겸손하게 만들겠다고 선별하신 사람들 사이에 속해 있다는 사실을 깨닫게 됩니다.

셋째, 우리는 자신을 하나님께 드리는 행위가 우리에게 유익한 동시에 하나님도 이와 같은 희생 제사를 기뻐하신다는 사실을 조금도 의심하지 말고 믿으면서 나아가야 합니다. 그것이 하나님의 뜻이라면 어떤 상황에 처하든지, 무슨 유혹을 당하든지, 아무리 극심한 고난을 당하더라도 오직 하나님을 사랑하는 마음으로 자신을 철저히 포기해야 합니다. 그것은 하나님의 거룩하신 섭리 안에서 일어나는 자연스러운 일입니다. 이렇게 우리의 마음과 영을 하나님의 뜻에 완전히 굴복시키지 않으면 아무런 헌신도 있을 수 없으며, 온전함에 이르는 길로 계속해서 나아갈 수도 없습니다.

넷째, 우리 영혼이 더 높은 온전함을 열망할수록 하나님의 은혜에 훨씬 더 많이 의존하게 됩니다. 매 순간 하나님의 은혜가 우리에게 한층 더 절실해지게 됩니다. 왜냐하면 하나님 없이는 우리 영혼이 아무것도 할 수 없기 때문입니다. 세상과 육신과 사탄이 서로 힘을 모아 연합전선을 펼치면서 우리 영혼을 상대로 너무나 맹렬하게 끊임없이 영적전쟁을 일으킵니다. 그러므로 하나님의 실질적인 도움 없이는, 겸손하게 절대적으로 하나님을 의존하지 않는다면 우리 영혼은 정신없이 그 전쟁에 휘말리고 말 것입니다. 우리의 본성에는 이것이 너무나 난폭해 보이기도 하겠지만 그럴 때마다 우리는 오히려 하나님의 은혜로 말미암아 하나님을 의지하는 데서 기쁨을 누리고, 하나님 안에서 안식을 찾게 됩니다.

우리가 일상에서 하나님과 동행하는 방법에는 몇 가지가 있습니다.

첫째, 영성생활에서 가장 거룩하고 보편적이며 필수적인 훈련은 하나님의 임재를 연습하는 것입니다. 하나님의 임재를 연습하는 것이란, 신성한 하나님의 동행하심을 기뻐하면서 거기에 익숙해지는 것입니다. 언제든지, 매 순간, 특히 시험, 고통, 영적인 황량함, 영적인 일에 대한 혐오감을 맛보는 시기에, 그리고 심지어는 불신앙과 죄악을 저지르는 순간에도 겸손한 마음으로 하나님께 이야기하고, 사랑하는 마음으로 하나님과 대화를 나누어야 합니다.

둘째, 우리는 자신의 모든 행위가 순결하고 단순한 마음에서 우러나와 하나님과 자연스럽게 대화를 나눌 수 있도록 하기 위해 계속해서 정진해야 합니다.

셋째, 우리는 혼란스러운 영혼의 상태에서 특징적으로 나타나는 성급함과 충동적인 태도 없이 차분하게 모든 행동을 헤아려야 합니다. 일과를 수행할 때도 하나님과 더불어 부드럽고 차분하게 애정 어린 마음으로 일하면서 하나님이 우리의 수고를 받아주시도록 간구해야 합니다. 이처럼 계속해서 하나님께 주의를 집중함으로써 사탄의 머리를 짓밟아 그 손에서 무기를 빼앗을 수 있을 것입니다.

넷째, 일상 업무나 다른 활동을 수행하는 동안, 심지어 책을 읽거나 글을 쓰는 동안에도, 아무리 그 일이 영적인 목적을 띠고 있을지라도, 어떤 경건 행위나 큰 소리로 기도하고 있는 동안이라도, 우리는 할 수 있는 한 자주 잠깐이라도 가만히 멈춰 서서 우리 마음속 깊은 곳에서 하나님을 경배하면서 하나님 안에서 기쁨을 누려야 합니다. 비록 순간적으로만 그럴 수밖에 없을지라도 반드시 그렇게 해야 합니다. 우리가 평소처럼 일상 업무를 수행할 때에도 하나님은 항상 우리 앞에 계신다는 사실에 세심하게 주의를 기울여야 합니다. 그뿐만 아니라 하나님이 우리 영혼의 가장 깊숙한 중심에 계신다는 사실을 알고 있다면 우리가 무슨 일을 진행하든지 간에, 심지어 큰 소리로 기도하는 중이라도 시시때때로 가만히 멈춰 서서 내적으로 하나님을 경배하고 하나님을 찬양하며 하나님께 탄원하고 하나님께 자기 마음을 내어드리고 하나님께 감사해야 합니다.

우리가 하나님께로 물러나 온 마음으로 하나님을 예배하기 위해 날마다 이런 식으로, 하루에 몇 번씩이라도 온갖 피조물로부터 떠나는 것보다 더 하나님을 기쁘게 할 수 있는 것이 무엇이겠습니까? 그것이 바로 인간을 제외한 다른 모든 피조물에게는 존재하지 않는 자기애를 깨뜨리는 길이라는 사실은 말할 필요조차 없습니다. 우리가 이런 식으로 하나님께 집중하다 보면 자기도 모르는 사이에 자기애로부터 벗어나게 됩니다. 마침내 우리는 단 한순간이라도 창조주 하나님 안에서 기쁨을 얻기 위해 우리 주변에 있는 피조물을 지속해서 부인하고 거기에서 돌아섬으로써 우리의 신실함을 하나님께 확실하게 보여주는 가장 큰 증거로 삼아야 합니다.

이것은 세상으로부터 영원히 물러나 내면으로 도망가라는 뜻이 전혀 아닙니다. 그것은 불가능한 일입니다. 그러나 모든 미덕의 어머니인 신중한 분별력이 당신을 인도할 것입니다. 그런데도 나는 깊은 영성을 추구하는 사람들 사이에서 흔히 저질러지는 잘못이, 시시때때로 외적인 것으로부터 물러나 잠깐이라도 자기 안에 머물러 계신 하나님을 경배하면서 하나님의 거룩한 임재로 말미암은 평화에서 맛보는 위안과 기쁨을 찾지 않는 것임을 강조할 수밖에 없습니다.

다섯째, 이 모든 예배 행위는 다음과 같은 믿음 안에서 이루어져야 합니다. 곧 진리 안에서 하나님이 우리 마음속에 계신다는 믿음, 우리가 신령과 진정으로 하나님을 예배하고 사랑하고 섬겨야 한다는 믿음, 하나님은 우리와 모든 피조물 안에서 지금 일어나고 있는 일이나 앞으로 일어날 일을 전부 지각하고 계신다는 믿음입니다. 우리는 하나님이 그 어떤 것에도 의존하지 않는 분이며, 오히려 모든 피조물이 전적으로 의존하는 유일한 분임을 믿어야 합니다. 하나님은 절대적으로 완전하신 분이며, 우리에게 속한 모든 것, 그리고 하늘과 땅에 속한 모든 것을 다스리기에 합당할 정도로 무한히 뛰어나신 주권자입니다. 우리는 하나님이 선하고 기쁘신 뜻을 따라 이제와 영원토록 다스리실 뿐만 아니라 우리가 살아가는 모든 영역에서 하나님 덕분에 제대로 생각하고 말하고 행동할 수 있다고 믿어야 합니다. 그리고 그렇게 잘하고 있는지 시시때때로 자신을 살펴야 합니다.

여섯째, 우리는 자신에게 가장 필요한 미덕은 무엇인지, 익히기에 가장 어려운 미덕은 무엇인지, 가장 흔히 빠져드는 죄악은 어떤 것인지, 가장 자주 넘어지는 경우는 어떤 경우인지를 주의 깊게 살펴야 합니다. 우리는 영적전쟁이 벌어질 때마다 전적인 확신을 품고 하나님께로 재빨리 돌아가야 합니다. 거룩한 위엄 가운데 임재하시는 하나님께 흔들리지 말고 머물러 있으면서, 겸손히 하나님을 예배하면서, 자신의 곤궁한 상황과 고난을 하나님께 내어드리면서, 하나님의 은혜로운 손길로 항상 도와달라고 사랑스럽게 간구해야 합니다. 이렇게 함으로써 우리는 자신에게 속한 것을 붙잡는 대신 하나님 안에서 모든 미덕을 발견할 수 있습니다.

영과 진리 안에서 하나님을 예배하는 법에 관해서는 다음과
같이 세 가지로 말씀드릴 수 있습니다.

첫째, 영과 진리 안에서 드리는 예배란 마땅히 예배해야 하는
방식으로 하나님을 예배한다는 뜻입니다. 하나님은 영이십니다.
그러므로 우리는 영과 진리 안에서(개역한글판 성경에는 "신령과
진정으로"라고 번역되어 있음—역주) 하나님을 예배해야 합니다.
다시 말해 오직 하나님만 보실 수 있는 우리 영혼의 깊숙한 중심에
서 겸손하고 진정한 영적 예배를 드려야 합니다. 우리는 이와 같은
예배를 일상에서 자주 반복해서 드릴 수 있는데, 그러다 보면 마침
내 영과 진리 안에서 드리는 예배가 우리 본성의 일부로 자리 잡게
됩니다. 또한 마치 하나님이 우리 영혼과 하나이고, 우리 영혼이

하나님과 하나인 것처럼 느껴지는 경지에 이르게 됩니다.

둘째, 진리 안에서 하나님을 예배한다는 것은 하나님을 있는 모습 그대로 인식하는 동시에 우리를 있는 모습 그대로 인식한다는 뜻입니다. 진리 안에서 하나님을 예배하기 위해서는 하나님이 무한히 완전하시고, 예배를 받으시기에 무한히 합당하시며, 죄악과는 무한히 멀리 떨어져 계신다는 사실을 우리 영 안에서 생생한 현실로 인식해야 합니다. 하나님은 인간이 생각해 낸 모든 거룩한 속성보다 훨씬 더 위대하신 분입니다. 아무리 지혜가 부족한 사람이라고 한들, 이처럼 마땅히 존경과 예배를 받으시기에 합당할 정도로 위대하고 존엄하신 하나님을 도대체 누가 감히 거부할 수 있겠습니까?

셋째, 우리의 본성은 거룩하신 하나님과 정반대이기는 하지만 진리 안에서 하나님을 예배하기 위해서는 우리가 원한다면 하나님은 기꺼이 우리를 그분 자신처럼 변화시켜 주신다는 사실을 깊이 인정해야 합니다. 그러니 도대체 어떤 인간이 하나님께 올려드려야 할 경외, 사랑, 섬김, 그리고 지속적인 경배로부터 단 한순간이라도 돌아설 만큼 그렇게 불손할 수 있겠습니까?

영적인 연합에는 세 가지 종류가 있습니다. 첫째는 습관적인 연합이고, 둘째는 명목적인 연합이며, 셋째는 실제적인 연합, 곧 현재 실제로 이루어지고 있는 연합입니다.

첫째, 습관적인 연합이란 오직 은혜를 통해서만 하나님과 연합될 때를 일컫는 말입니다. 이것은 우리의 의지와는 크게 상관이 없습니다.

둘째, 명목적인 연합이란 자신을 하나님과 연합시키기 시작해서 의식적으로 노력을 기울이는 동안에만 하나님과 연합에 머물러 있는 상태를 말합니다.

셋째, 실제적인 연합이란 한결같이 지속되는 연합으로써 세 가지 연합 중에서 가장 완벽한 상태입니다. 이 연합은 완전히 영적인 상태이므로 우리 영혼에서 그 움직임을 일일이 느낄 수 있습니다. 앞서 언급한 두 연합의 경우와는 달리, 세 번째 연합에 도달할 때 우리 영혼은 잠자고 있지 않기 때문입니다. 앞의 두 경우와는 아주 대조적으로 우리 영혼은 굉장히 활발하게 움직입니다. 그 움직임이 불꽃보다 더 생동적이고 구름에 가리지 않은 태양보다 더 강렬합니다.

이 연합이 "오, 하나님! 온 마음으로 주님을 사랑합니다!"라거나 이와 유사한 다른 표현을 토해 내는 것처럼 단순히 우리 마음을 털어놓는 어떤 상태에 지나지 않는다는 생각에 현혹되지 않도록 주의해야 합니다. 이 연합은 부드럽고, 평온하고, 영적이고, 경외하고, 겸손하고, 사랑하며, 지극히 단순한 영혼 안에서 발견되는 상태로서 한마디로 정의하기 힘듭니다. 이처럼 쉽게 뭐라고 정의하기 힘든 상태가 우리 영혼을 일으켜 세워 하나님을 사랑하고 하나님을 예배하는 방향으로 몰아가게 됩니다. 그 상태를 맛본 사람만이 알고 있는, 이루 말로 다 형언하기 힘들 정도로 부드러운 느낌을 느끼면서 하나님의 품에 안기게 됩니다.

그러나 하나님과 연합하기를 열망하는 모든 사람은 단지 우리의 의지를 즐겁게 하고, 유쾌하게 하고, 상쾌하게 하는 모든 것은 이와 같은 연합을 촉진시키는 데 별다른 도움을 주지 못한다는 점을 명심해야 합니다.

우리는 인간의 머리로는 하나님을 제대로 이해할 수 없다는 사실을 순순히 인정해야 합니다. 자신을 하나님과 연합시키기 위해서는 온갖 종류의 영적, 신체적 쾌락을 추구하려는 의지를 모두 버리고, 거기에서 완전히 자유로워진 나머지 그 모든 것을 뛰어넘어 자신의 의지 안에서 하나님을 사랑할 수 있어야 합니다. 어떤 식으로든 그 의지로 하나님을 이해할 수 있다고 하더라도 그것은 단지 하나님에 대한 사랑을 통해서만 가능합니다. 단순히 하나님과 연합하려는 의지를 느낀다는 것과 실제로 그 의지를 실행하는 것 사이에는 엄청난 차이가 존재합니다. 왜냐하면 단순히 그런 의지를 느끼기만 하는 경우에는 결과적으로 우리 영혼에 머물러 있는 것으로 마무리가 되지만 하나님을 향한 진정한 사랑의 표현으로써 그런 의지를 구체적으로 실행하는 경우에는 궁극적으로 하나님께 나아가게 됩니다.

일상에서 하나님을 만나고, 하나님과 동행하며, 하나님의 임재를 연습하는 방법에는 다음과 같은 몇 가지가 있습니다.

첫째, 하나님의 임재를 연습한다는 것은 우리 영을 하나님께 집중하고, 하나님이 우리와 함께하신다는 사실을 생생하게 기억하는 것입니다. 우리는 상상이나 이해를 통해 하나님의 임재를 연습할 수 있습니다.

둘째, 나는 40년 이상을 의식적으로 하나님의 임재를 연습해 온 사람(로렌스 형제 자신을 일컫는 것으로 보인다)을 잘 알고 있습니다. 그 사람은 이와 같은 훈련에 몇 가지 다른 이름을 붙였습니다. 때로는 그냥 '단순한 행위' 라고 부르거나 '명확하고 확실하게 하나님을 알아가기' 라고 부르기도 했습니다. 때로는 '흐릿하고 아련한 눈빛 '하나님을 향한 막연하고도 애정 어린 응시'라거나 단순히 '하나님을 기억하는 일'이라고 말하기도 했습니다. 다른 때에는 '하나님께 주의를 기울이는 것' '하나님과 침묵으로 대화하는 것' '하나님을 확신하는 행위'라거나 '영혼의 생명과 평안'이라고 부르기도 했습니다. 다시 말해 이 사람은 하나님의 임재를 연습하는 이 모든 형태가 사실상 동일한 것에 관한 다른 표현일 뿐이라고 늘 주장했습니다. 그러면서 이제는 하나님의 임재가 너무나 자연스러운 나머지 자신의 일부가 되었다고 말하기도 했습니다. 그렇다면 어떻게 그런 일이 벌어졌는지 한번 설명해 보겠습니다.

셋째, 하나님의 임재 속으로 자기 영을 자주 불러들이기 위해 자기의지를 활용함으로써 이처럼 하나님의 임재를 훈련하는 습관이 다음과 같은 방식으로 형성되었다고 합니다. 그 마음이 바깥일에 대한 부담에서 자유롭게 벗어나자마자, 또한 해야 할 일이 쌓여서 가장 바쁠 때조차도 자주 자기 영혼에서 가장 심오하고 고차원적인 부분이 저절로 들려올라가 마치 공중에 매달려 있으면서 하나님께 꽉 붙잡혀 있는 것처럼 느껴졌으며, 모든 것을 초월하여 마치 그 영혼의 중심과 안식처에 머물러 있는 것 같았습니다.

이처럼 거의 항상 하나님께 매달려 있는 것처럼 느끼면서 자신에게 만족을 누릴 수 있었던 것은 바로 믿음 때문이었습니다.

그 사람은 이와 같은 상태를 '실제로 하나님과 함께 있는 상태'라고 부르면서 이제는 마치 이 세상에 오직 하나님과 자신만 존재하는 것처럼 살고 있다고 했습니다. 그 사람은 어디에서든지 하나님과 대화하면서 자신에게 필요한 것을 하나님께 간구하는 가운데 온갖 다양한 방식으로 하나님 안에서 맛보는 기쁨이 끊이지 않았습니다.

넷째, 이런 식으로 하나님과 나누는 대화가 우리 영혼의 깊숙한 중심에서 이루어진다는 사실을 아무리 되풀이해서 강조해도 괜찮을 듯싶습니다. 거기서 우리 영혼은 이심전심으로 하나님과 이야기하면서 거대하고 심오한 평안의 상태에서 언제나 하나님을 기뻐하고 있습니다. 그 영혼의 바깥에서 일어나는 모든 일은 잠깐 붙었다가 금방 꺼지고마는 조그만 불꽃처럼 보일 뿐입니다. 그래서 이런 외적인 일들은 우리 영혼의 내적인 평화에 별다른 영향을 미치지 못하거나 거의 영향을 미치지 못합니다.

다섯째, 하나님의 임재에 관한 논의로 다시 돌아가기 위해 내가 이처럼 부드럽고 사랑스러운 눈으로 하나님을 바라보고 있노라면 나 자신도 의식하지 못하는 사이에 영혼 속에서 거룩한 불꽃이 타오르게 됩니다. 이 불꽃은 얼마나 세차게 하나님의 사랑으로 타오르는지 그 불길을 조금이라도 누그러뜨리기 위해 어쩔수 없이 외적인 일에도 상당한 주의를 기울여야겠다고 생각할 정도입니다.

　여섯째, 때때로 우리 영혼이 하나님과 무슨 대화를 나누는지 알면 깜짝 놀랄지도 모릅니다. 그 하나님은 이러한 대화를 너무나 기뻐하신 나머지 우리 영혼에게 완전한 자유를 허락하십니다. 우리 영혼이 항상 하나님과 함께 머물러 있으면서 전적으로 하나님을 의지하기만 한다면 말입니다. 그리고 하나님은 마치 우리 영혼이 피조물에게로 되돌아가지 않을까 무슨 염려라도 하시듯이 우리 영혼에서 바랄 만한 모든 것을 너무나 세심하게 잘 공급해 주십니다. 그리하여 어떻게든 바라거나 조달해 보려고 애쓰지 않아도, 단지 좋다고 고개를 끄덕이는 일 말고는 내 편에서 아무런 노력을 기울이지 않더라도, 우리 영혼은 자기 취향에 맞는 매우 향긋하고 맛있는 자양분의 원천을 내면 깊숙한 곳에서 발견하게 됩니다.

　일곱째, 그리하여 우리는 하나님의 임재 연습이 우리 영혼의 생명수이자 자양분이며, 오직 그로 말미암아 주님의 은혜를 얻을 수 있다고 결론짓게 됩니다.

하나님의 임재에 도달하기 위해서는 여기에서 소개하는 여러 가지 수단을 활용해야 합니다.

첫째, 아주 정결한 삶을 영위하는 것입니다.

둘째, 하나님의 임재를 연습하는 일에 아주 신실하게 머무르면서 우리 내면에서 하나님을 계속해서 의식하는 것입니다. 아무런 고민이나 염려 없이, 언제나 부드럽고 겸손하게 사랑스러운 모습으로 하나님의 임재를 연습해야 합니다.

셋째, 우리는 어떤 외적인 활동으로 나아가기 전에 잠깐만이라도 항상 내적으로 하나님을 바라보기 위해 조심스럽게 주의를 기울여야 합니다. 그러고 나서 일상적인 일과를 수행하는 동안에도 시시때때로 계속해서 하나님을 바라보아야 합니다. 그리고 마지막으로 모든 일을 마칠 때에도 하나님을 바라보고 있어야 합니다. 이와 같은 훈련의 경지에 도달하기 위해서는 상당히 많은 시간과 노력이 필요하므로 처음부터 제대로 되지 않는다고 해도 낙심해서는 안 됩니다. 왜냐하면 좋은 습관을 들이기는 무척 어렵지만 일단 그런 습관을 들이고 나면 모든 일을 기쁨으로 감당할 수 있기 때문입니다.

마치 심장이 우리에게 생명력을 불어넣는 가장 중요한 기관인 동시에 우리 몸의 다른 기관들을 지배하는 것처럼 우리가 어떤 영적이고 육체적인 활동을 시작하거나 마무리할 때마다 하나님을 사랑하고 예배하는 것을 우리의 삶에서 가장 중요하고도 최종적인 부분으로 삼아야 합니다. 이미 앞에서 언급한 것처럼 좀 더 쉽게 하려고 싸우거나 억지로 연구하지 않아도 이렇게 잠깐씩이라도 내면에서 하나님을 바라보는 것이 마땅하며, 그런 일들이 일어나는 곳이 바로 우리 마음입니다.

넷째, 이와 같은 훈련을 시작하는 사람들이 처음에는 단 몇 마디 말로 아주 간단하게 내적인 사랑 고백을 토해 내는 것도 전혀 이상하지 않습니다. "오, 하나님! 저는 전적으로 하나님의 소유입니다. 사랑하는 하나님, 온 마음을 다해 주님을 사랑합니다. 오, 주님! 당신의 기쁘신 뜻에 따라 저에게 행하소서"라거나 자연스럽게 사랑을 고백하는 다른 말들을 토해 낼 수도 있습니다. 그러나 처음 시작하는 사람들은 오직 하나님께만 마음을 집중해야 하며, 우리 마음이 이리저리 방황하면서 다시금 피조물에게로 돌아가지 않도록 경계심을 늦추지 말아야 합니다. 이렇게 지속적으로 우리 마음이 의지의 힘에 압박을 당하게 된다면 우리는 하나님과 함께 머물러 있을 수밖에 없습니다.

다섯째, 하나님의 임재를 연습하기가 처음에는 다소 어렵지만 성실한 자세로 계속하다 보면 우리도 모르는 사이에 우리 영혼에서 도저히 믿기 어려운 힘이 나타나 주님으로부터 은혜의 홍수가 흘러넘치게 됩니다. 또한 그다지 의식하지 않고서도 사랑스러운 눈길로 간단히 하나님을 바라보면서 어디에서나 하나님의 임재를 경험하는 경지에 이르게 될 것입니다. 이런 식으로 하나님을 바라보는 것이야말로 가장 쉽고, 가장 거룩하고, 가장 견고하고, 가장 효과적인 기도의 유형입니다.

여섯째, 이와 같은 상태에 도달하기 위해서는 우리 감각을 극복해야 한다는 점에 주목하기 바랍니다. 왜냐하면 아직도 어떤 피조물에서 만족을 찾는 영혼이 이와 같은 하나님의 임재를 충만히 누리기란 거의 불가능에 가깝기 때문입니다. 그러므로 하나님과 동행하기 위해서는 모든 피조물을 완전히 버려두고 전적으로 하나님께로 나아가야 합니다.

우리는 하나님의 임재 연습을 통하여 다음과 같은 유익을 얻을 수 있습니다.

첫째, 우리 영혼이 하나님의 임재를 연습하는 데서 얻는 첫 번째 유익은 우리 삶의 모든 영역에서, 특히 부족함을 느끼는 영역에서 더욱 생생하고 역동적인 믿음이 생겨난다는 점입니다. 이런 식으로 살아가다 보면 피조물로 말미암아 시험을 당하는 때와 어쩔 수 없이 이 세상과 접촉해야 하는 상황에서 우리에게 필요한 은혜를 어렵지 않게 얻을 수 있습니다.

이처럼 하나님의 임재를 연습함으로써 믿음으로 행하는 것에 익숙한 영혼은 그저 하나님을 기억하는 것만으로도 하나님의 임재를 실제로 보고 느끼게 됩니다. 아주 쉽게 효과적으로 하나님께 호소하여 필요한 것을 얻게 됩니다. 하나님의 임재를 연습함으로써 이미 천국에서 하나님의 임재를 마음껏 누리고 있는 사람의 상태에 어느 정도 접근할 수 있게 됩니다. 우리 영혼이 더욱 앞으로 나아갈수록 그 믿음은 점점 더 생동할 것이고, 마침내 그 믿음이 온 영혼에 스며들어 "이제 나는 억지로 믿으려고 하기보다 그냥 바라보면서 향유할 뿐"이라고 고백할 수밖에 없는 경지에 이르게 됩니다.

둘째, 하나님의 임재를 연습함으로써 우리 소망이 더욱 강해집니다. 우리 소망은 영적인 지식이 늘어남에 따라 점점 커집니다. 우리 믿음이 하나님의 비밀을 굳게 붙잡고 있을 때에도 마찬가지입니다. 이 땅에 있는 온갖 생명체의 아름다움을 넘어서, 또한 가장 완전한 영혼이나 천사들의 아름다움을 뛰어넘는 어떤 아름다움을 하나님 안에서 발견한다면 우리 소망은 더욱 강해집니다. 우리 소망은 엄청난 축복을 열망하면서 때로는 실제로 미리 맛봄으로써 다시 용기를 얻습니다.

셋째, 하나님의 임재를 연습하는 것은 우리의 의지 안에서 피조물을 의존하지 않는 태도를 고쳐시켜서 우리의 의지를 거룩한 사랑의 불로 활활 타오르게 합니다. 모두 태워서 없애버리는 불이신 하나님과 항상 동행함으로써 이 거룩한 사랑의 불은 그에 맞서는 모든 것을 모조리 태워서 한 줌의 재로 바꾸어 버립니다. 그 영혼은 너무나 활활 타오른 나머지 하나님의 임재 안에 머무르지 않고서는 살아갈 수 없습니다. 이처럼 신령한 하나님의 임재는 우리 마음속에서 거룩한 정열, 신성한 열심, 열정적인 갈망을 불러일으켜 모든 피조물이 사랑하고 알고 섬기고 예배하는 하나님을 만나뵙고 싶어 하도록 이끕니다.

넷째, 하나님의 임재를 연습하며 내적인 눈으로 하나님을 바라봄으로써 우리 영혼은 하나님과 너무나 친밀해진 나머지, 지속해서 사랑과 경배와 회개와 확신과 감사와 헌신과 간청의 행위를 비롯해서 각양각색의 탁월한 미덕을 실천하는 가운데 한평생을 보내게 됩니다. 이러한 모든 행위는 가끔 단 한 번 반짝했다가 그치기 십상인데, 우리 영혼이 항상 하나님의 거룩하신 임재 안에 머물러 있기 때문에 이제 더는 이리저리 왔다 갔다 하지 않고 지속적으로 바뀌게 됩니다.

나는 이와 같은 경지에 도달한 사람이 거의 없다는 사실을 잘 알고 있습니다. 그런 경지는 하나님이 단지 소수의 선택받은 영혼들에게 베푸시는 특별한 은혜입니다. 왜냐하면 이처럼 단순하고 꾸준하게 하나님을 바라보는 것은 결국 아낌없이 주시는 하나님의 관대한 손길에서 비롯되는 선물이기 때문입니다.

그러나 나는 이처럼 거룩한 연습을 기꺼이 받아들이고 싶어 하는 사람에게 위로를 주기 위해서, 하나님이 이러한 선물을 받으려고 스스로 준비하는 영혼에게 그 선물을 기꺼이 허락하신다고 말씀드리고 싶습니다. 설령 하나님이 그 선물을 허락하시지 않는다고 하더라도, 우리는 얼마든지 하나님의 일반적인 은혜로 도움을 받아 하나님의 임재를 부단히 연습함으로써, 적어도 이처럼 단순하고 지속적으로 하나님을 바라보는 경지에 아주 가까이 접근하는 기도의 상태에 충분히 도달할 수 있습니다.

> 믿는 자에게는 능치 못할 일이 없으며,
> 간절히 바라는 자에게는
> 그보다 더 많은 일이 가능하며,
> 사랑하는 자에게는 그보다 훨씬
> 더 많은 일이 가능합니다.

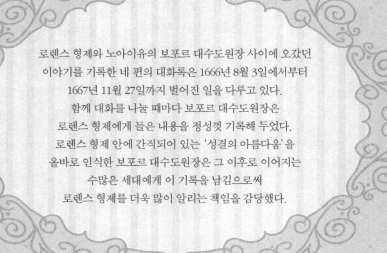

로렌스 형제와 노아이유의 보포르 대수도원장 사이에 오갔던
이야기를 기록한 네 편의 대화록은 1666년 8월 3일에서부터
1667년 11월 27일까지 벌어진 일을 다루고 있다.
함께 대화를 나눌 때마다 보포르 대수도원장은
로렌스 형제에게 들은 내용을 정성껏 기록해 두었다.
로렌스 형제 안에 간직되어 있는 '성결의 아름다움'을
올바로 인식한 보포르 대수도원장은 그 이후로 이어지는
수많은 세대에게 이 기록을 남김으로써
로렌스 형제를 더욱 많이 알리는 책임을 감당했다.

03

— 대화 —

로렌스 형제와 함께 나눈 대화들

처음 만났을 때 로렌스 형제는 수도원생활을 시작하기 훨씬 전인 18세 무렵에 일어났던 자신의 회심이야기를 들려 주었습니다. 하나님은 로렌스 형제에게 아주 신기하고 놀라운 방식으로 그분의 은혜를 부어 주셨습니다.

어느 겨울날, 로렌스 형제는 나뭇가지에 잎사귀 하나 없이 앙상한 나무 한 그루를 바라보면서 그 나뭇가지에 다시 새싹이 돋아 이파리로 자라나고, 그래서 또 꽃을 피우고 열매도 맺는 자연의 섭리와 질서를 곰곰이 생각하게 되었습니다. 그런데 바로 그 순간 절대로 자신을 홀로 내버려 두지 않으시는 하나님의 섭리와 능력에 관해서도 숭고한 깨달음을 얻었던 것입니다.

이 깨달음을 얻는 순간부터 완전히 세상을 뛰어넘는 삶을 살게 되었으며, 오직 하나님을 향한 사랑에만 매달리게 되었습니다. 이 선물을 받은 후, 40여 년 동안을 살아오면서 하나님을 사랑하는 마음이 얼마나 더 커졌던지 이루 다 말로 표현할 수 없을 정도였습니다.

로렌스 형제는 살아온 이야기를 계속 이어가면서 무슈 드 퓨베라는 저명한 은행가의 사환으로 일한 적이 있었는데, 그 당시에는 자신이 모든 것을 엉망으로 만들기에 바빴던 서투른 풋내기에 지나지 않았다고 말했습니다.

그러다가 결국 수도원으로 들어가겠다고 결심했는데, 그것은 수도원생활을 통해 사환 시절에 저질렀던 각종 서툰 행동과 실수를 고칠 수 있을 뿐만 아니라 매우 기쁜 마음으로 하나님께 자기 삶을 온전히 드릴 수 있으리라고 믿었기 때문이었습니다.

그러나 현실에만 안주하려는 태도가 좀처럼 사라지지 않았던 까닭에 너무나 창피해서 하나님을 뵐 낯이 없을 정도였습니다. 그래서 로렌스 형제는 종종 이렇게 탄식하기도 했습니다. "하나님, 지금까지 저를 속이셨죠!"

로렌스 형제는 우리가 하나님과 끊임없이 대화하면서 그분의 임재 안에 머물러 있어야 한다고 말했습니다. 하찮은 일이나 어리석은 이야기에 끼어들어 정작 하나님과 나누는 대화를 끊거나 소홀하게 여기는 것은 매우 부끄러운 짓이라고 했습니다. 우리는 하나님에 대한 고상한 생각으로 자기 영혼에 자양분을 공급해야 하며, 이런 과정을 통해 하나님께 속해 있다는 데서 얻는 커다란 기쁨을 누릴 수 있습니다.

우리가 해야 할 일은 자기 믿음을 살아 있게 하는 것입니다. 우리가 시시때때로 너무나 적은 믿음을 보여주는 것은 정말 안타까운 일입니다. 각종 규율과 행실에서 믿음을 취하는 대신, 날마다 변덕스럽게 오락가락하는 수준 낮은 헌신에 기대는 모습은 실로 유감스러운 일입니다. 우리 믿음을 살아 있게 하는 것이야말로 교회의 기본 정신이요, 아주 높은 수준의 완전함으로 우리를 인도하기에 조금도 부족하지 않다는 것입니다.

우리는 일시적인 문제와 영적인 문제에서 자신을 완전히 포기하여 하나님께 전적으로 맡겨야 합니다. 하나님이 고난을 통해 인도하시든 위로를 통해 인도하시든 간에 우리는 하나님의 뜻을 이루는 데서 만족을 찾아야 하는 까닭에, 하나님께 진정으로 자신을 맡긴 사람은 분명히 모든 문제에서 별다른 차이를 느끼지 못할 것입니다. 그러니까 하나님이 그분을 향한 사랑을 넌지시 떠보는 황량한 시기에도 신실한 자세를 잃지 말아야 합니다. 이와 같은 과정을 통해 신실하게 순종과 포기의 열매를 맺게 됩니다. 단 한 번만 이런 식으로 행동하더라도 믿음을 향해 나아가는 여정에서 커다란 진보를 이루게 된다고 말했습니다.

날마다 불행과 죄악에 관한 소식이 끊임없이 들려오지만 거기에 경악하기보다는 오히려 반대로 그런 이야기가 훨씬 더 많이 들려오지 않는다는 사실에 놀라워했습니다. 하나님 앞에서 우리가 얼마나 끔찍한 죄인인지 곰곰이 생각해 보면 더욱 놀랍다고 말했습니다. 로렌스 형제는 죄인들을 위해서 기도하긴 했지만 그런 다음에는 더 이상 염려하지 않았습니다. 죄인들을 변화시키는 것이 그분의 뜻이라면 하나님이 얼마든지 그렇게 하실 수 있다는 사실을 잘 알고 있다고 했습니다.

하나님이 기뻐하시는 만큼 전적으로 자신을 그분께 내어 드리기 위해서 우리는 일상적인 문제에서 뿐만 아니라 영적인 문제를 통해 우리 영혼에서 일어나는 온갖 움직임을 주의 깊게 살펴보아야 합니다. 하나님은 진정으로 그분께 속하기를 간절히 바라는 사람들에게 빛을 던져주십니다. 혹시 나에게도 이와 같은 소망이 있다면 로렌스 형제를 번거롭게 할지도 모른다고 염려하지 말고, 필요할 때에는 언제든지 찾아와서 물어봐도 좋다고 했습니다. 그러나 별로 그런 갈망이 없다면 로렌스 형제를 찾아갈 필요가 전혀 없을 것입니다.

로렌스 형제는 항상 아무런 사심 없이 오직 하나님을 사랑하는 마음으로 인도하심을 받고 있었기에 자신이 정죄를 받든 구원을 받든 간에 전혀 염려하지 않는다고 말했습니다. 어떤 행동을 할 때마다 오직 하나님을 사랑하는 것만을 목표로 삼았기 때문입니다. 이렇게 함으로써 커다란 만족을 누린다고 했습니다. 심지어 하나님을 사랑하기 위해서라면 길거리에 떨어진 쓰레기를 줍는 데서도 만족을 누린다고 했습니다. 오직 하나님만을 바랐을 뿐 다른 어떤 것도, 심지어 하나님의 은사조차도 바라지 않았기 때문입니다.

이와 같은 영혼의 자세를 보시고 하나님이 무한한 은총을 베푸셨지만 정작 로렌스 형제는 이 은총의 열매, 곧 그로 말미암은 사랑을 기꺼이 받아들이면서도 그 열매 안에 들어 있는 기쁨을 마음껏 누리지는 않겠다고 거부했습니다. 비록 그것이 하나님이 허락하신 최종적인 선물이기는 하지만 하나님 자신과 혼동해서는 안 된다는 점을 명확히 인식하고 있었기 때문입니다. 우리는 믿음으로 자신이 느끼는 것보다 하나님이 더 한없이 광대하시고 전혀 다른 차원에 계신 분임을 아주 잘 알고 있습니다.

그리하여 하나님과 로렌스 형제의 영혼 사이에는 도저히 믿기지 않을 정도로 커다란 갈등이 생겨났습니다. 하나님은 로렌스 형제의 영혼에 많은 은혜를 베풀고 계셨지만 정작 로렌스 형제는 그것이 하나님 자신이 아니라고 주장하면서 항변했기 때문입니다. 이 싸움에서 로렌스 형제의 영혼은 믿음으로 말미암아 하나님보다 더 강하게 버틸 수 있었습니다. 왜냐하면 하나님이 그분의 선물보다 훨씬 더 크다고 항상 이의를 제기하는 로렌스 형제의 영혼을 만족시킬 만큼 충분히 그분 자신을 내어주시지는 않았기 때문입니다.

하나님의 선물을 뛰어넘어 하나님께 나아가지 못하고, 그 선물을 거부하는 대신 오히려 그것에 탐닉하는 영혼은 유희만을 추구하기 쉽다고 말했습니다. 하나님에 관한 경이감을 표현하는 것 말고는 어떤 사람이든 자신의 변화무쌍한 감정에 휘둘린 나머지 선물에 넋을 잃어서는 안 된다는 것입니다. 오직 하나님만이 주인으로서 모든 관심의 중심에 계셔야 하기 때문입니다.

하나님은 로렌스 형제가 그분을 위해 행한 모든 일을 너무나 곧바로, 어디에도 비할 데가 없는 멋진 것으로 갚아 주셨습니다. 그래서 때때로 하나님을 향한 사랑으로 행한 모든 일을 그분께 숨기고 싶어 하기도 했습니다. 그래야 전혀 아무런 보상도 받지 않고 오직 하나님만을 위해 무엇인가를 하고 있다는 기쁨을 누릴 수 있다고 생각했던 것입니다.

로렌스 형제는 자신이 저주를 받을 수밖에 없다는 생각에 영적으로 굉장히 괴로워하였으며, 한때는 확실히 그렇게 믿고 있었습니다. 이 세상에서 아무도 로렌스 형제의 그와 같은 확고한 생각을 거두어들이도록 이끌지는 못했습니다.

그러나 마침내 로렌스 형제는 다음과 같은 결론에 이르게 되었습니다. "나는 오직 하나님을 사랑하는 마음으로 수도원생활을 시작했다. 지금까지 오직 하나님만을 위해 행동하려고 애써왔다. 정죄를 받든 구원을 받든 간에 난 언제나 계속해서 전적으로 하나님을 향한 사랑만을 위해 행동하기를 원한다. 난 적어도 이와 같은 가치를 계속해서 추구할 것이다. 일평생 동안 오직 하나님만을 사랑하기 위해 모든 일에 전심전력을 다 할 것이다." 그러나 약 4년 정도 힘겨운 시기를 보내는 동안에는 이와 같은 내적인 고통이 로렌스 형제를 떠나지는 않았습니다.

그때 이후로 로렌스 형제는 천국이나 지옥에 대해 전혀 염려하지 않았습니다. 그보다는 삶 속에서 일어나는 모든 일에 완전한 자유와 지속적인 기쁨을 누리게 되었습니다. 로렌스 형제는 마치 자신이 하나님의 은혜를 받을 만한 자격이 없다고 항변이라도 하려는 것처럼 하나님과 자신 사이에 일어난 죄들을 낱낱이 털어놓기도 했지만 그로 말미암아 하나님이 로렌스 형제에게 홍수처럼 부어주시는 은혜를 막지는 못했습니다.

이 과정에서 로렌스 형제는 마치 하나님이 자신의 손을 붙잡고 하늘의 궁정으로 데려가는 것처럼 느꼈습니다. 도무지 그럴 만한 자격이 없는 불쌍한 죄인에게 하나님의 뜻에 따라 마치 소나기처럼 물 붓듯이 은혜를 부어주신다는 것을 뭇 사람들에게 보여주기 위해서 말입니다.

처음부터 우리는 어떻게 해서든 하나님과 끊임없이 대화를 나누는 습관을 기르고, 우리가 행하는 모든 일을 하나님께 올려 드리는 습관을 형성하는 일에 온갖 노력을 기울여야 합니다. 한동안 이 일에 세심한 주의를 기울이고 나면 아무런 어려움 없이 하나님의 사랑을 깨닫게 됨을 스스로 느낄 수 있을 것입니다.

로렌스 형제는 하나님이 허락하시는 축복의 계절이 지나가고 나면 이어서 역경과 고난을 넉넉히 감당해야 할 몫이 기다리고 있다는 사실을 잘 알고 있었습니다. 그렇다고 염려하지는 않았습니다. 왜냐하면 스스로는 아무것도 할 수 없으므로 우리가 어떤 고난을 당하든지 하나님이 넉넉히 이길 수 있는 힘을 반드시 주신다는 사실을 너무나 잘 알고 있었기 때문입니다.

로렌스 형제는 덕을 끼치는 일을 해야 할 필요가 있을 때마다 "오, 하나님! 주님께서 그 일을 할 수 있도록 저에게 힘을 주시지 않는다면 저는 도무지 어찌해야 할 바를 알지 못할 것입니다"라고 고백하면서 언제나 하나님께 그 필요를 아뢰었습니다. 그럴 때마다 하나님은 곧바로 로렌스 형제에게 차고 넘치도록 능력을 베풀어 주셨습니다.

무슨 잘못을 저질렀을 때에는 그 잘못을 솔직하게 시인하면서 하나님께 이렇게 아뢰었습니다. "하나님, 주님께서 저를 혼자 내버려 두신다면 저는 아무것도 할 수 없습니다. 제가 잘못을 저지르지 않도록 막아주시고, 좋지 않은 일을 못하도록 바로잡아 주시는 것은 오직 주님에게 달려 있습니다." 이렇게 간청한 이후로는 자신이 저지른 잘못 때문에 더는 괴로워하지 않았습니다.

우리는 하나님께 아주 단순하게 행동해야 하며, 매우 솔직하게 말씀드려야 합니다. 무슨 일이 일어나든지 모든 일에서 하나님께 도움을 구해야 합니다. 그것이 바로 로렌스 형제가 자주 경험한 일입니다. 그럴 때마다 하나님은 반드시 도와주셨습니다.

최근에 로렌스 형제는 부르고뉴 지방으로 가서 직접 포도주를 사오라는 명령을 받았습니다. 로렌스 형제에게는 매우 수고스럽고 버거운 일이었습니다. 물건을 거래하는 일에 별다른 재주가 없는데다가 한쪽 다리를 심하게 저는 까닭에 포도주 통 위를 굴러다니지 않고서는 배에서 도저히 걸어 다닐 수 없을 정도였기 때문입니다.

그러나 자신의 처지나 포도주를 사오는 일에 대해 더는 염려하지 않았습니다. 대신 하나님께 이건 그분의 일이라고 말씀드렸습니다. 그랬더니 자신에게 맡겨진 일을 충분히 해낼 수 있었을 뿐만 아니라 더욱이 깔끔하게 마무리할 수 있었다고 합니다.

그 이전 해에도 똑같은 일로 오베르뉴 지방에 간 적이 있었는데, 도대체 어떻게 그 일을 해냈는지 모르겠다고 했습니다. 그러면서 당시에는 자신에게 아무런 신용도 쌓이지 않았을 때였지만 그래도 자신이 맡은 임무를 묵묵히 잘 수행했다는 사실을 강조했습니다.

부엌에서도 마찬가지 상황이었습니다. 비록 로렌스 형제는 천성적으로 부엌일을 굉장히 싫어했지만 하나님을 사랑하는 마음으로 거기에서 벌어지는 모든 일에 친숙해지게 되었으며, 어떤 상황에서든지 자기 일을 잘 감당하게 해달라고 하나님께 은혜를 구했습니다. 그리하여 부엌에 배치되어 섬겼던 15년 동안 부엌일이 너무 쉬워졌다고 말했습니다.

이제는 신발을 수선하는 일에서도 기쁨을 찾고 있지만 언제든 지 다른 임무를 수행할 준비가 되어 있다고 했습니다. 어느 곳에 배치되든지 상관없이, 아무리 하잘것없는 일을 감당하더라도 자신은 그 일에서 하나님을 사랑하는 마음으로 기쁨을 찾을 수 있기 때문이라고 했습니다.

로렌스 형제에게는 수도원에서 기도하라고 정해놓은 시간이 다른 일과시간이랑 전혀 다르지 않았습니다. 그래서 수도원에서 영적인 피정을 떠나 기도에 전념하라고 명령하면 순순히 따르기는 했지만 따로 기도시간을 갈망하거나 일부러 요청하지는 않았습니다. 왜냐하면 아무리 분주한 일을 감당하고 있더라도 온통 하나님께만 몰두하는 상태에서 떠나지 않았기 때문입니다.

모든 인간은 범사에 하나님을 사랑해야 한다는 사실을 너무나 잘 알고 있었기에 로렌스 형제는 늘 하나님 앞에서 자기 임무를 다하려고 애썼습니다. 그래서 굳이 영적으로 자신을 인도해 줄 지도자가 필요하다고 느끼지는 않았지만 어쩌다가 자기 죄를 고백할 대상이 필요했을지도 모릅니다. 자신이 저지른 잘못에 대해 나름대로 용서를 구해야 했기 때문입니다. 로렌스 형제는 자기 죄를 충분히 자각하고 있었으며, 그로 말미암아 전혀 당혹스러워하지 않았습니다. 하나님께 그 죄를 솔직히 시인하기는 했지만 마치 법정에서 자신을 변호하고 싶어 하는 사람처럼 행동하기를 바라지는 않았습니다. 오히려 자기 죄를 솔직히 시인함으로써 사랑과 내적인 경배를 습관처럼 연습하는 과정에서 평안 속으로 다시 들어갈 수 있었기 때문입니다.

아무리 영적으로 힘겨운 고난을 겪더라도 아무에게도 조언을 구하지 않는 대신, 하나님이 언제나 자신과 함께하신다는 유일한 지식과 믿음을 안내자로 삼아 무슨 일을 만나든지 하나님을 위해 살아가고 행동하는 것으로 만족했습니다. 로렌스 형제는 하나님을 향한 사랑 때문에 기꺼이 자신을 버렸으며, 그렇게 함으로써 이루 다 말로 표현할 수 없는 만족을 누렸습니다.

우리에게 끝없이 밀려드는 온갖 잡다한 생각은 만사를 망쳐놓고 맙니다. 우리 생각 속에 악이 싹트기 때문에 우리는 현재의 임무나 구원과는 아무런 상관이 없다고 여겨지는 그런 상념들을 단호하게 물리쳐야 합니다. 이렇게 함으로써 다시 한번 하나님과 대화를 시작할 수 있습니다.

수도원생활 초기에는 로렌스 형제도 종종 잡다한 상념에 빠져들지 않으려고 애쓰다가 또다시 거기에 빠져드는 과정을 되풀이하며 수도원에서 정해놓은 기도시간을 모두 다 써버렸습니다. 로렌스 형제는 단 한 번도 다른 수도사들처럼 규율에 따라 기도할 수 없었다고 했습니다. 그래도 한동안 묵상을 시도하기는 했지만 한참 뒤에는 어떻게 시간을 보냈는지 하나도 모를 정도로 그 시간에 묵상한 내용을 제대로 떠올릴 수 없다는 사실을 깨닫게 되었습니다.

로렌스 형제는 종신토록 수련 수사로 남아 있겠다고 요청하기도 했습니다. 수도원 선임자들이 정식 수도사로 서원하기에 아직 부적절하다고 판단했기 때문은 아니었습니다. 스스로 수련 기간이 부족하다고 생각했기 때문도 아니었습니다. 다만 하나님을 사랑하는 마음으로 지극히 자그만 일들을 감당하면서 기쁨을 누리는 것 말고는 다른 아무것도 생각하지 않았기 때문입니다.

로렌스 형제는 하나님께 고행을 달라고 요청할 만큼 용감하지도 그렇게 바라지도 않았지만 어느 누구보다 더 많은 고난을 감당해야 할 사람이 바로 자신이라는 점을 너무나 잘 알고 있었습니다. 그러나 동시에 하나님이 자신에게 고난을 허락하실 때 그 고난을 충분히 감당할 만한 은혜도 함께 허락하신다는 사실을 알고 있었습니다.

모든 고행과 다른 영성훈련의 목적은 우리를 오직 사랑을 통해 하나님과 연합하도록 인도하는 데 있다고 했습니다. 로렌스 형제는 영성훈련에 관해 수많은 성찰을 거듭한 끝에, 하나님을 사랑하는 마음으로 모든 일을 행함으로써 끊임없이 사랑을 연습하는 과정을 통해, 이러한 연합으로 직행하는 가장 빠른 지름길로 들어서게 된다는 점을 깨달았습니다.

비록 우리가 할 수 있는 온갖 고행을 하나도 빠짐없이 모조리 수행한다고 하더라도 거기에서 사랑을 발견할 수 없다면 그 행위는 단 하나의 죄도 용서받을 수 없을 것입니다. 우리 죄를 용서받기 위해서는 전혀 괴로워하거나 염려하지 말고 오직 예수 그리스도의 보혈로 말미암은 용서를 기다리면서, 온 마음을 다해 오직 하나님만을 사랑하기 위해 열심히 애써야 합니다. 하나님은 아무 죄도 없는 깨끗한 사람들을 택하시기보다는 가장 중한 죄인들을 택하셔서 어디에도 비길 수 없는 은혜를 베푸시는 것처럼 보입니다. 그래야 하나님의 지극한 선하심을 훨씬 더 극적으로 보여주실 수 있기 때문입니다.

로렌스 형제는 죽음이나 죄, 천국이나 지옥에 전혀 골몰하지 않았습니다. 오직 하나님을 사랑하는 마음으로 지극히 작은 일을 충성되게 감당하는 쪽으로만 생각이 머물렀습니다. 무슨 대단한 일을 이루어낼 만한 능력이 없다고 생각했기 때문입니다. 장차 무슨 일이 일어날지에 대해서도 조금도 염려하지 않았습니다. 모든 일이 하나님의 뜻대로 이루어지리라고 믿었기 때문입니다.

또한 산 채로 발가벗겨지는 고통을 당하더라도 자신이 느꼈던 내적인 고통에 비하면 아무것도 아닐 것이며, 이 세상에서 아무리 커다란 기쁨을 주더라도 자신이 아주 가끔씩 체험했을 뿐더러 지금도 여전히 경험하고 있는 거대한 기쁨에 비하면 아무것도 아니라고 했습니다. 그런 까닭에 로렌스 형제는 아무것도 염려하거나 두려워하지 않은 채로 하나님의 뜻을 거스르지 않도록 해달라는 것 말고는 다른 아무것도 구하지 않았습니다.

로렌스 형제는 자신이 하고 있는 일에 대한 옳고 그름의 문제나 자신에게 맡겨진 임무를 제대로 수행할 수 있을지 없을지, 또는 자신의 행동 양식이 올바른지 따위와 관련해서 전혀 아무런 주저함이나 불안한 마음이 없다고 말하면서 이렇게 덧붙였습니다.

"왜냐하면 내가 잘못했다는 사실을 깨달았을 때에는 곧바로 잘못을 시인하면서 '주님, 이게 평상시 제 모습입니다. 일상적으로 제가 행동하는 방식입니다. 저는 달리 어떻게 할 줄도 모릅니다' 라고 아뢰기 때문입니다. 물론 제가 잘못하지 않았을 때에는 하나님께 감사하면서 그와 같은 결과는 바로 하나님 덕분이라고 고백합니다."

　　로렌스 형제는 믿음을 통해 하나님에 관한 고상한 개념과 경외심을 높이는 것이 자기 영성생활의 기초였다고 말했습니다. 일단 이처럼 믿음의 길을 걷기 시작하자 오직 하나님을 사랑하는 마음으로 모든 일을 실행하기 위해 품고 있는 유일한 소망은 자기 마음속에 떠오르는 온갖 잡다한 생각을 일관되게 거부하는 것이었습니다. 그러나 오랫동안 하나님의 사랑에 대해서는 아무 생각 없이 보낸 적도 있었는데, 이 사실을 깨달았을 때조차도 스스로 괴로워하지는 않았습니다. 오히려 하나님께 자신의 불쌍한 처지를 시인하고는 이전보다 더욱 커다란 확신을 가지고 그분에게로 다시 돌아왔습니다. 한동안 하나님을 잊고 살아왔던 자신이 더욱 불쌍하게 여겨질수록 다시 하나님께로 돌아갔을 때 더욱 강한 믿음을 체험하게 되었습니다.

우리가 전적으로 하나님을 신뢰할 때 하나님은 영광을 크게 받으시며, 우리에게 은혜의 소나기를 퍼부어 주십니다. 하나님은 절대로 속임수를 사용하시지 않으며, 그분께 완전히 자신을 드리면서 그분을 위해 모든 것을 견디기로 결단한 영혼이 오랫동안 속절없이 고통당하도록 가만히 내버려 두지 않습니다.

마침내 로렌스 형제가 하나님 이외에는 다른 어떤 생각도 품지 않는 경지에 도달하기는 했지만 억지로 다른 사람을 추켜세우려는 유혹이나 그 밖에 다른 유혹을 느낄 때마다 하나님께 속하지 않은 생각들이 마음속에서 불쑥불쑥 고개를 내미는 모습을 지켜볼 수 있었습니다. 그러나 그럴 때마다 곧바로 하나님이 예비하신 도움의 손길이 기다리고 있다는 사실을 체험했기에 가끔씩 올 테면 오라는 식으로 용감하게 대처하면서 전혀 염려하지 않았습니다. 그러면 잠시 후 곧바로 하나님께 집중하는 과정에서 그런 생각들이 저절로 사라지게 되었습니다.

이와 같은 체험을 바탕으로 수도원 바깥에서 어떤 해야 할 일이 생기더라도 미리 걱정하지 않았습니다. 구체적으로 실행에 옮겨야 할 때에 이르면 그 순간에 무엇을 해야 할지를 하나님 안에서 명확하게 깨닫게 되었습니다. 아무 걱정 없이 한동안 이런 식으로 모든 일을 감당했습니다. 그러나 이처럼 하나님이 예비하신 도움의 손길이 기다리고 있다는 것을 체험하기 전까지는 자신이 맡은 일에 대해서 상당히 걱정이 많았습니다.

로렌스 형제는 자신이 했던 일을 기억하지 않았으며, 심지어 언제 그런 일을 했는지조차도 거의 의식하지 않고 있었습니다. 방금 식탁에서 일어났는데도 무엇을 먹었는지도 제대로 기억하지 못할 정도였습니다. 오직 하나님을 사랑하는 마음으로 모든 일을 감당해야겠다는 단 한 가지 목표만을 생각하면서 온갖 일상 업무와 수많은 다른 일을 올바로 감당하도록 인도하신 하나님께 감사할 따름이었습니다. 로렌스 형제는 이 모든 일을 아주 단순하고 한결같은 방식으로 처리하면서 하나님의 사랑 넘치는 임재를 굳게 붙잡고 있었습니다.

어떤 외적인 임무가 하나님을 생각하지 못하도록 조금이라도 산만하게 하면 하나님은 곧바로 로렌스 형제의 영혼을 일깨워 한층 더 집중적으로 그분을 생각하도록 인도하셨습니다. 이와 같은 하나님의 일하심은 로렌스 형제의 영혼에 불을 붙여 활활 타오르게 하셨으며, 때로는 너무나 맹렬하게 타오른 나머지 로렌스 형제로 하여금 마치 미치광이처럼 소리를 지르고 노래를 부르면서 펄쩍펄쩍 뛰어다니게 만드셨습니다.

로렌스 형제는 일상적인 환경을 떠나 피정 같은 영성훈련을 수행할 때보다 평소처럼 일과를 수행하는 과정 속에서 훨씬 더 많이 하나님과 연합할 수 있었다고 말했습니다. 오히려 그런 특별한 훈련을 통해서는 대개 영적인 건조함을 맛볼 뿐이라는 것입니다.

로렌스 형제는 세월이 흐르면서 육체적으로나 정신적으로 엄청난 고난을 겪을 것으로 예상하면서 혹시라도 오랫동안 소중히 간직해 왔던 하나님의 임재를 의식하는 힘을 잃어버리지나 않을까 가장 크게 두려워했습니다. 그러나 선하신 하나님은 절대 로렌스 형제를 버리지 않았으며, 아무리 험악한 일이 벌어지더라도 마땅히 이겨낼 힘을 주시겠다고 확실히 약속하셨습니다.

이렇게 확약을 받고 난 이후로는 아무것도 두려워하지 않았으며, 누구와도 자기 영혼의 문제로 상의할 필요가 없어졌습니다. 오히려 다른 사람들과 의견을 나누려고 노력하면 할수록 더 큰 혼란만 부채질하게 되었습니다. 오직 하나님을 사랑하기 위해서라면 자신이 죽어도 좋고, 잊혀도 좋다고 생각했기 때문에 아무런 염려나 두려움이 없었습니다. 모든 것을 하나님께 완전히 맡기고 포기하는 것만이 가장 안전한 길이요, 언제나 우리를 안내해 줄 수 있는 유일한 길입니다.

처음부터 우리는 자기를 부인하기 위해 온갖 노력을 기울여야 하지만 그 이후로는 이루 다 말로 표현할 수 없는 만족만이 존재할 뿐입니다. 여러 가지 어려움에 부딪혔을 때에는 재빨리 예수 그리스도께로 달려가 그분께 은혜를 달라고 요청하기만 하면 됩니다. 우리 주님이 은혜를 허락하신다면 모든 것이 한결 수월해질 것입니다.

그 모든 행위의 종착역이자 목적인 사랑을 잊어버린 채 갖가지 고행이나 개인적인 영성훈련에 집중하는 데서 만족하려는 것은 아주 흔한 현상입니다. 그러한 현상으로 생겨나는 열매를 보면 쉽게 이것을 알아차릴 수 있습니다. 그것이 바로 그리스도인들 사이에서 견고하게 뿌리 내린 영적인 미덕을 그토록 찾아보기 힘든 이유라는 것입니다.

마지막으로 로렌스 형제는 날카로운 지성이나 엄청난 지식을 쌓아야만 하나님께 나아갈 수 있는 것이 아니라, 단지 온 마음을 다해 하나님께, 하나님을 위해, 그리고 오직 하나님을 사랑하는 데에만 집중하겠다고 결단한 심령만 필요할 뿐이라고 강조했습니다.

지금까지 내가 앞에서 어느 정도 소개한 대로 로렌스 형제는 어떻게 자신이 하나님께로 나아가는지에 관해 열린 자세로 열변을 토했습니다. 그러니까 하나님을 향하고 있지 않다고 생각되는 모든 것을 단호하게 부정하면서, 머리에 많은 지식이 없더라도 하나님과 지속적으로 대화를 나누는 일에 익숙해지도록 하는 것이 하나님께로 나아가는 길에서 본질적인 부분이라고 말했습니다. 오직 우리가 해야 할 일은 우리 안에 머물러 계신 하나님의 친밀한 임재를 민감하게 의식해서 매 순간 하나님과 대화를 나누면서 도와달라고 간청하는 것이 전부라는 것입니다.

이런 식으로 우리는 온갖 의심스러운 일에 대해서도 하나님의 뜻을 분명히 알게 됩니다. 또한 하나님이 우리에게 명확하게 요청하고 계신 일들을 구체적으로 행하기에 앞서 먼저 하나님께 아룀으로써 그 일을 훨씬 더 잘 감당할 수 있으며, 일단 모든 일을 무사히 마친 뒤에는 제대로 마무리하도록 도와주신 하나님께 감사하면 됩니다.

또한 우리는 이렇게 지속적으로 하나님과 대화를 나누는 과정에서 무한히 선하고 완전하신 하나님을 부지런히 찬양하고 경배하는 동시에 끊임없이 사랑을 고백하는 것입니다. 주님의 무한한 십자가 공로에 의지해서, 자신이 무슨 생각을 품고 있든지 상관없이 우리는 담대하게 하나님께 은혜를 구해야 합니다. 우리가 은혜를 구할 때마다 하나님은 반드시 그분의 은혜를 베풀어 주십니다.

로렌스 형제는 이와 같은 은혜를 얼마든지 누릴 수 있었으며, 단지 마음이 산만해서 하나님과 교제하지 못하거나 잊어버리고 미처 하나님의 도우심을 구하지 못했을 때에는 그런 은혜를 누리지 못했습니다. 아무리 불확실한 문제에 대해서도 우리가 오직 하나님을 기쁘게 하려는 목적과 하나님을 사랑하는 마음으로 모든 일을 하겠다는 생각을 품고 있을 때 하나님은 반드시 빛을 비추어 주신다고 했습니다.

우리는 자기 행실의 변화를 통해서 성화될 뿐만 아니라 평소 자신을 위해서 하던 일을 하나님을 위해 행함으로써 성화에 이르게 된다는 것입니다. 수많은 사람이 매우 인간적인 이유나 이기적인 목적을 중요하게 여기기 때문에 특정한 행위에 집착하면서 매우 불완전하게 수행하는 모습을 볼 때마다 안타까워했습니다. 그런 식으로 행동하는 사람들은 수단과 목적을 혼동하고 있는 것입니다.

로렌스 형제는 하나님께로 나아가는 가장 좋은 방법이란, 자신에게 맡겨진 일상적인 행위들을 순종하는 마음으로 받아들여 자신이 할 수 있는 한 최대로 거기에서 모든 인간적인 요소를 깨끗하게 걸러낸 다음, 오직 하나님을 사랑하는 마음으로 그 일들을 수행하는 것이라고 했습니다.

정해진 기도시간이 여느 다른 일상적인 시간과 다르다고 생각하는 것은 중대한 잘못이라는 것입니다. 왜냐하면 정해진 시간에 기도를 통해 하나님과 연합하는 일이 우리에게 맡겨진 엄중한 의무인 것처럼 일상적인 하루 일과를 수행하면서 시시때때로 하나님과 연합하는 일 역시 우리에게 맡겨진 엄중한 의무이기 때문입니다.

로렌스 형제에게는 정해진 기도시간도 오직 하나님의 임재를 연습하는 시간에 지나지 않았던 것입니다. 하나님의 임재 안에서 그 영혼이 평안히 쉬면서 하나님을 향한 사랑 이외에는 아무것도 의식하지 않았던 까닭입니다. 로렌스 형제는 정해진 기도시간이 아니더라도 별다른 차이를 느끼지 못했습니다. 언제나 하나님께로 가까이 나아가려고 했으며, 온 마음과 정성과 힘을 다해 하나님을 찬양하고 감사하며, 계속해서 기뻐하는 인생을 살았기 때문입니다. 그래도 자신이 아주 강건하다고 느낄 때 하나님이 고난을 허락하시면 좋겠다고 말했습니다. 우리는 단번에 영원토록 하나님을 신뢰해야 하며, 오직 하나님 한 분에게만 자신을 전폭적으로 내어 드려야 합니다. 그러면 하나님은 절대로 우리를 속이지 않을 것입니다.

우리가 하나님을 사랑하는 마음으로 지극히 작은 일들을 감당하면서 절대 지쳐서는 안 된다고도 했습니다. 하나님은 우리가 얼마나 커다란 일을 하고 있는지를 주목하시기보다는 얼마나 그 일에 커다란 사랑을 품고 있는지를 바라보고 계신다는 것입니다. 우리가 처음에는 자주 넘어지더라도 전혀 놀라서는 안 된다고 했습니다. 결국에는 억지로 생각하지 않아도 자연스레 사랑이 넘치는 모습으로 행동할 수 있는 습관을 키우게 될 것이며, 거기에서 엄청난 기쁨을 누리게 되리라는 것입니다.

우리가 해야 할 일은 전적으로 하나님의 뜻에 붙어 있기 위해 믿음, 소망, 사랑을 키워가는 것입니다. 그 밖의 다른 것들에는 전혀 관심을 쏟아서는 안 됩니다. 마치 건널목 앞에 선 것처럼 다른 것들을 만났을 때에는 일단 멈춰야 한다는 것입니다. 그런 다음에는 좌우를 주의 깊게 살피고 재빨리 통과해야 한다고 했습니다.

그래야만 믿음, 소망, 사랑을 통해 오직 한 가지 목표에만 초점을 맞출 수 있습니다.

믿는 자에게는 모든 일이 가능합니다. 그렇기에 소망하는 자에게는 이보다 더 많은 일이 가능하며, 사랑하는 자에게는 훨씬 더 많은 일이 가능합니다. 이 세 가지 미덕을 훈련하면서 오래 참는 자에게는 이 모든 것보다 훨씬 더 많은 일이 가능하다고 했습니다.

우리가 자신에게 정해 두어야 하는 목표는 가장 완벽하게 하나님을 예배하는 자가 되는 것입니다. 이생에서 출발해서 영원에 이르기까지, 그것은 누구나 이룰 수 있는 목표이자 언제까지나 지속하기를 소망하는 목표라고 했습니다.

영성생활을 시작할 때 우리는 자신이 누구인지를 곰곰이 심사숙고해야 합니다. 그러면 자신이 온갖 조롱을 받아 마땅할 뿐만 아니라 그리스도인이라는 이름으로 불리기에도 전혀 합당하지 못하며, 더 나아가 건강, 기분, 내외적인 성향을 통해 우리를 괴롭히고 불안하게 하는 온갖 종류의 비참함과 무수한 불행에 예속되어 있는 실상을 훤히 파악하게 됩니다.

다시 말해 하나님이 내외적으로 수많은 역경과 수고를 통해 낮추시기 원하는 사람이 바로 자신임을 깨닫게 됩니다. 그러니까 이와 같은 사실을 알고서도 과연 우리가 이웃으로 말미암아 자신에게 일어나는 고난, 시험, 반박, 방해에 대해 경악해야 될까요? 그와는 반대로 오히려 우리 영혼에 유익을 준다고 생각하면서 하나님을 기쁘게 하는 일이라면 마땅히 거기에 순복하고 감내해야 되지 않을까요? 마지막으로 로렌스 형제는 완전함에 이르기를 더 많이 열망하는 영혼일수록 하나님의 은혜를 더욱더 의지해야 한다고 결론지었습니다.

우리가 전적으로 하나님을 신뢰할 때
하나님은 영광을 크게 받으시며,
우리에게 은혜의 소나기를 퍼부어 주십니다.

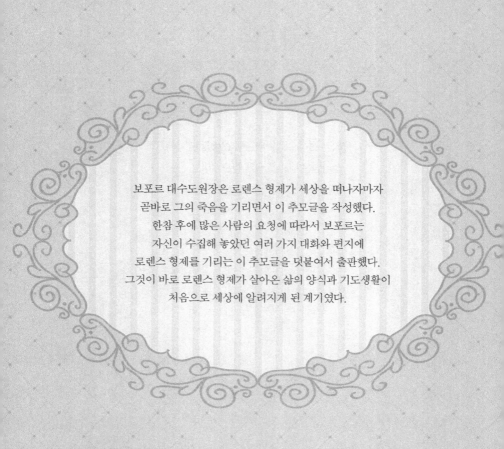

보포르 대수도원장은 로렌스 형제가 세상을 떠나자마자
곧바로 그의 죽음을 기리면서 이 추모글을 작성했다.
한참 후에 많은 사람의 요청에 따라서 보포르는
자신이 수집해 놓았던 여러 가지 대화와 편지에
로렌스 형제를 기리는 이 추모글을 덧붙여서 출판했다.
그것이 바로 로렌스 형제가 살아온 삶의 양식과 기도생활이
처음으로 세상에 알려지게 된 계기였다.

04

— 추모 —

로렌스 형제를 기리는 글

" 그토록 사랑하던 하늘 아버지 품에 안기다 **"**

하나님의 팔은 결코 짧아지지 않았으며, 하나님의 자비하심 역시 우리의 비참한 상태로 말미암아 모조리 닳지 않았다는 것은 성경에서 자주 가르치는 일관된 진리입니다. 그와 마찬가지로 오늘날에도 하나님의 은혜에 담긴 능력은 결코 초대교회 시절보다 더 줄어들지 않았습니다.

각 시대마다 모든 사람에게 성결한 삶을 영원히 지속시키는 것이 바로 하나님의 소망입니다. 하나님은 언제나 그분의 웅대하심과 장엄하심을 소중히 여기면서 기꺼이 그분을 예배하는 사람, 그리고 모범적인 거룩한 신앙심을 통해 여러 가지 높은 미덕의 본보기가 될 수 있는 사람을 열심히 찾고 계십니다. 하나님은 단지 1세기에만 그러한 사람들을 무대 전면에 등장시키는 것으로 만족하시지 않았습니다. 오히려 지금도 여전히 시시때때로 자기 삶을 통해 하나님이 예배를 받으시기에 합당한 분임을 증명할 뿐만 아니라 그 결과로 다른 사람에게 훌륭한 모범을 보이는 여러 인물을 일으키고 계십니다. 이러한 사람들은 자기 안에 성령의 첫 열매를 간직하고 있는 동시에 주변 사람들에게도 그러한 영을 전달해서 그 안에서도 살아 있게 만듭니다.

제가 지금 그 삶에 대해서 여러분의 주의를 환기시키고 싶어 하는 사람은 바로 하나님이 그분에게 합당한 모든 영광을 그분 자신에게 돌리도록, 그리고 온갖 그리스도인의 미덕을 연습하는 가운데 아주 드물게 신실함의 본보기를 보임으로써 모든 그리스도인에게 영감을 불어넣도록 우리 시대에 일으켜주셨던 맨발의 까르멜수도회의 수도사인 부활의 로렌스 형제입니다.

수도원에 들어오기 전 로렌스 형제의 삶

수도생활을 시작하기 전 로렌스 형제의 이름은 니꼴라 에르망이었습니다. 니꼴라의 부모는 어린 시절부터 아들에게 하나님을 경외하는 마음이 서서히 스며들도록 모범적인 삶을 살아가신 매우 올곧은 분들이었습니다. 두 사람은 아들을 도덕적으로 훈련시키는 데 특별한 관심을 기울였기 때문에 오직 복음서의 가르침에 따른 거룩한 삶의 원칙만을 열심히 가르쳤습니다.

로렌스 형제는 로렌느 지방의 조그만 마을(Herimenil)에서 태어났는데, 거기에서 몇 차례나 전투에 휘말리는 불운을 겪기도 했습니다. 이렇게 군대에 있는 동안에도 하나님은 이미 로렌스에게 그분의 선하심과 자비하심을 베풀어 주셨습니다.

프랑스로 진격해 오던 독일 부대가 니꼴라를 포로로 붙잡아서는 마치 첩자인 것처럼 취급했습니다(프랑스 역사에 따르면 군대에서 이곳저곳으로 지령을 전달하기 위해 무장하지 않은 농사꾼이나 군인들을 자주 채용했다고 한다―역주). 그러나 그런 불안한 상황 속에서도 니꼴라는 인내심과 침착함을 전혀 잃지 않았습니다. 독일 군인들은 죽이겠다고 위협했지만 니꼴라는 자신은 그런 사람이 아니라고 응수하면서 아무런 범죄도 저지르지 않았기에 아주 떳떳하게 죽음을 맞이할 준비가 되어 있다고 말했습니다. 이처럼 당당한 태도를 본 독일군 장교는 순순히 니꼴라를 풀어 주었습니다.

얼마 후에는 스웨덴 군대가 지나가는 길에 로렌느 지방을 습격하면서 랑베르빌레(Rambervillers)라는 조그만 읍내로 쳐들어왔습니다. 거기에서 니꼴라는 부상을 당했으며, 건강을 회복하기 위해 부모님이 살고 있는 고향집으로 돌아갈 수밖에 없었습니다.

이처럼 모험적인 사건을 계기로 니꼴라는 군대를 떠나 예수 그리스도의 깃발 아래 더욱 성결한 삶의 방식으로 살아가기 시작했습니다. 니꼴라가 군대를 싫어하게 된 것은 헛된 열심에 따른 분별없는 헌신 때문이 아니었습니다. 오히려 하나님께 전적으로 자신을 드리면서 과거의 행실을 바로잡고 싶어 했던 주된 이유는 참된 신앙심 때문이었습니다. 더욱 성결한 삶을 살도록 예정하신 모든 위로의 하나님이 이 세상의 자랑거리가 얼마나 덧없는 것인지를 깨달아 알게 하셨으며, 그 마음을 감동시켜서 오직 하늘에 속한 것만을 사랑하게 하셨습니다.

그러나 이처럼 초기에 은혜를 받으면서 얻은 인상이 처음부터 니꼴라에게 완전한 효력을 발휘하지는 못했습니다. 왜냐하면 종종 군대에서 벌어진 위험스러운 일들, 이생의 자랑거리와 부패상, 각 사람들의 불안정한 처지, 원수들의 쓰라린 배신, 친구들의 충실하지 못한 태도 따위를 마음속으로 은근히 떠올리기도 했기 때문입니다. 그래서 비로소 복음의 길을 따르기로 굳게 결단한 것은 오직 통렬한 성찰과 치열한 내적 갈등, 수많은 한숨과 눈물을 흘린 후에 마침내 하나님의 영원한 진리의 힘에 완전히 정복당함으로써 가능했습니다.

당시 삼촌도 맨발의 까르멜수도회에 소속된 수도사였는데, 니꼴라에게 이 세상의 공기는 너무나 오염되어서 이 공기를 들이마시는 모든 사람의 목숨을 **빼앗을** 만큼 치명적인 타격을 입히지는 않을지 몰라도, 세상의 풍조를 따라가는 사람들의 온갖 품행을 필연적으로 뒤바꾸거나 결국에는 타락시킬 수밖에 없다는 점을 이해하도록 도와주었습니다.

십자가를 갈망하며 시작한 은둔생활의 고뇌

세례식 때 했던 여러 가지 서약, 젊은 시절의 혼란스러움, 기독교 신앙의 온갖 신비스러움, 다른 무엇보다 예수 그리스도의 수난(이를 생각할 때마다 마음속으로 감격하지 않은 적이 없었다고 합니다)에 대해 깊이 명상하는 동안 전혀 다른 사람으로 변화되었습니다. 로렌스 형제에게는 십자가의 겸손이야말로 이 세상의 온갖 영광보다 훨씬 더 아름답게 보였던 것입니다.

하나님을 향한 뜨거운 열정으로 불타오른 니꼴라는 단순하고 정직한 마음으로 하나님을 추구했습니다. 니꼴라의 유일한 소망은 홀로 시간을 보내면서 자신의 잘못을 애통해하는 것이었습니다. 이제 니꼴라는 젊은 시절의 경솔한 행동 때문에 자책하지 않을 만큼 충분히 연륜을 쌓았으므로 조용히 은둔자의 고독 속으로 들어가겠다고 몇 번이나 생각했는데, 마침내 좋은 기회가 찾아왔습니다.

니꼴라는 태생과 인품에서 명백히 만족스러운 삶을 살아왔다고 생각하는 한 귀족과 친분을 쌓게 되었습니다. 그러나 이 사람은 자기에게 불만족스러웠으며, 부유한 중에도 늘 불안해했습니다. 오직 하나님 한 분만이 자신의 갈망을 충족시킬 수 있다고 확신했을 뿐만 아니라 이 땅의 온갖 보화보다 복음서에서 가르치는 가난을 더 소중하게 여긴 나머지, 곧바로 은둔생활로 들어갔습니다. 그 사람의 유일한 소망은 온 마음을 다해 하나님을 찾는 사람들에게 주님이 얼마나 달콤한 분인지를 직접 맛보게 하는 것이었습니다.

그 사람을 본받아 니꼴라 역시 은둔생활로 들어갔습니다. 니꼴라의 영혼은 고달픈 인생살이에 지친 나머지 자연스럽게 그러한 안식에 이끌렸으며, 지금 막 그런 안식을 찾고 있는 중이었기 때문입니다. 신실한 친구 한 명과 함께 광야로 들어간 니꼴라는 거기에서 자기 안에 있는 그리스도를 향한 열정 덕분에 온갖 두려움을 떨쳐버릴 수 있었으며, 그 어느 때보다 더 확실하게 하나님을 꽉 붙잡을 수 있었습니다.

그러나 은둔자의 삶이 경륜 있고 성숙한 신자들에게는 더없이 좋을지 몰라도 이제 막 신앙생활을 시작하는 사람에게 최선의 길은 아닙니다. 머지않아 니꼴라 역시 이 사실을 깨달았습니다. 왜냐하면 기쁨, 슬픔, 평안을 오락가락하는 감정의 변화, 영의 번민, 열정적인 모습과 헌신의 결핍, 동시에 자기 영혼을 사로잡는 확신과 낙담으로 말미암아 과연 그 길이 옳은 것인지 의심하게 되었기 때문입니다.

그래서 마침내 바람처럼 스쳐지나가는 감정이라는 불안정한 모래 위에 세운 집이 아니라 예수 그리스도라는 견고한 반석 위에 세운 규율로(마태복음 7장 24-27절 참고) 기존의 변덕스러운 행실을 뛰어넘어 자신을 강하게 훈련할 수 있는 삶의 양식을 전적으로 받아들이기 위해 수도원 공동체의 문을 두드려 보아야겠다고 결정하였습니다.

그런데도 끝없이 영적전쟁을 이어가야 할지도 모른다는 전망에 깜짝 놀란, 그리고 아마도 사탄에게 시험을 받았을지도 모르는 니꼴라는 이 결정을 곧바로 실행하지 못하는 자신의 모습을 보게됩니다. 하루하루 시간이 지날수록 점점 더 결심이 흔들리고 마음이 약해지는 것이었습니다. 그러나 마침내 다시 한번 마음속에서 들려오는 하나님의 부드러운 음성을 듣고서 파리로 달려가 맨발의 까르멜수도회에 들어가려고 입회 신청을 하였습니다. 거기서 니꼴라는 평수사로서 '부활의 로렌스 형제'라는 이름을 얻게 되었습니다.

맨발의 까르멜수도회에 들어가다.

수련기간(수련기간은 일종의 시험기간으로 '한 사람의 부르심을 검증하는 시기'이다. 그래서 정식 수사나 수녀로서 최초의 서약이나 서원이 이루어지기까지는 몇 년이 걸릴 수도 있다-역주)

을 처음 시작하던 때부터 에르망은 특별한 신앙생활, 곧 수도생활의 규율을 열심히 따랐습니다. 특별히 에르망은 기도훈련에 골몰하였습니다. 아무리 일이 많고 버거울지라도 수도원에서 기도하는 날로 정해둔 시간을 절대로 빼먹지 않도록 강하게 자신을 훈련했습니다.

로렌스 형제가 추구한 가장 커다란 미덕은 오직 하나님의 임재와 그분이 자기 영혼에 부어주시는 사랑이었으며, 그로 말미암아 이제 막 수도생활을 시작한 동료들에게 짧은 시간 안에 멋진 본보기가 되었습니다. 또한 예수 그리스도께서 허락하신 승리의 은혜를 힘입어 열정적으로 자기 죄를 고백하였을 뿐만 아니라 본성으로는 너무나 끔찍이 싫어하는 엄격한 금욕생활을 열심히 추구하였습니다.

비록 상급자들이 로렌스에게 가장 비천한 일들을 맡겼지만 로렌스는 자기 입에서 투덜대는 말을 단 한마디도 내뱉지 않았습니다. 그와는 정반대로 가혹함과 혹독함에 마음을 빼앗기지 않도록 도와주신 하나님의 은혜로 말미암아 가장 재미없고 성가신 일을 맡기더라도 언제나 한결같은 모습으로 자신을 지탱할 수 있었습니다. 천성적으로 아무리 싫다고 느낄 수 있었을지 몰라도, 설령 그렇다 하더라도 기쁨으로 자기가 맡은 일을 받아들였으며, 구세주의 본보기를 따름으로써 고난을 받든지 창피를 당하든지 전혀 상관없이 자신에 대해 너무나 행복하다고 여겼습니다.

이와 같은 장점을 인지하는 동시에 남다른 품행으로 얻은 평판에 주목한 수련수사 감독은 로렌스 형제에게 어려움을 가중시킴으로써 소명의 진정성과 신념의 견고성을 검증해 볼 필요를 느꼈습니다. 그래서 여러 가지 다른 일을 맡겨 로렌스 형제를 몰아붙였지만 그러한 경험으로 움츠러들거나 시험에 마음을 빼앗기기는커녕 오히려 누구나 예상할 수 있었던 것처럼 더 없는 신실함으로 그 모든 과정을 꿋꿋이 이겨냈습니다.

언젠가는 한 형제가 찾아와 수도회에서 로렌스를 내보내려 한다는 소문이 들린다고 말했을 때 로렌스는 이렇게 반응했습니다.

"저는 하나님 손 안에 있습니다. 하나님이 기뻐하시는 대로 저를 처분하실 것입니다. 그러니 다른 사람들의 눈치를 보면서 행동하지는 않을 것입니다. 여기서 하나님을 섬기지 못하더라도 다른 데서 그분을 섬기게 되겠지요. 너무 심려하지 마십시오."

정식 수도사 초기의 격정의 세월

그렇게 세월이 흘러 수도사로 서원해야 할 순간을 맞이했을 때 로렌스는 전혀 주저하지 않았습니다. 제가 여기서 독자들에게 로렌스의 자기희생이 얼마나 완벽했는지를 누구나 수긍할 수 있도록 여러 가지 아름다운 덕행을 시시콜콜하게 소개할 수도 있지만 로렌스의 영혼이 얼마나 많이 내적 고통으로 괴로워했는지를 강조하기 위해 그런 것들을 살짝 건너뛸 생각입니다. 이와 같은 고난은 부분적으로 하나님의 섭리로 말미암아 찾아왔으며, 로렌스 형제를 정결하게 만들려고 허락된 것이었습니다. 또한 부분적으로는 경험 부족과 자기 방식대로 영성생활을 꾸려가고 싶다는 개인적인 고집으로 말미암았다고 볼 수도 있습니다.

로렌스 형제는 과거에 지은 죄를 곰곰이 생각해 보다가 끔찍한 두려움에 사로잡히기도 했습니다. 그래서 자기가 보기에도 자신이 너무나 보잘것없고 한심한 나머지 하나님의 위로를 받을 자격이 눈곱만큼도 없는 존재라고 판단했습니다. 물론 하나님의 놀라운 은총을 받은 존재이기도 하지만 자신이 얼마나 추악한 존재인지를 절실히 깨닫게 한 겸손함을 통해서 감히 하나님이 허락하시는 하늘의 축복을 떳떳이 받아들일 수 없었습니다. 로렌스 형제는 아직도 하나님이 너무나 자비로우셔서 자신과 같은 형편없는 죄인과도 얼마든지 소통하신다는 사실을 제대로 깨닫지 못했습니다.

바로 그 무렵, 이런 그릇된 생각에서 비롯된 두려움이 심령을 강하게 사로잡은 나머지 그 당시 자신의 영적 상태를 너무나 미심쩍게 여겼던 로렌스 형제는 앞으로 자신이 어떻게 될지를 종잡을 수 없을 정도였습니다. 이와 같은 의구심이 자신에게 너무나 끔찍한 고통을 가져다주었기에 로렌스 형제는 그것들을 오직 지옥의 고통에다 비유할 수밖에 없을 정도였습니다.

이처럼 시련을 겪던 시기에는 종종 자기 숙소 인근에 자리 잡은 한적한 곳을 찾아가곤 했는데, 거기에서 어떤 기둥에 구세주의 형상이 걸려 있는 환상을 보기도 했습니다. 그곳에서 하나님의 보좌 앞으로 나아가 자기 영혼을 쏟아부으면서 자신을 멸망시키지 말아달라고 간청하였습니다. 왜냐하면 로렌스 형제는 하나님께만 모든 신뢰를 두고 있었으며, 하나님을 기쁘게 하는 것 말고는 달리 아무런 의도를 품고 있지 않았기 때문입니다.

그러나 아무리 하나님께 많은 기도를 드렸더라도 로렌스 형제의 고통은 계속해서 점차 늘어났으며, 그처럼 무거운 두려움과 곤혹스러움으로 말미암아 갑자기 마음을 다스리기 힘든 지경에까지 도달하기도 하였습니다. 안전한 정박지로 여겼던 수도원의 고독은 사나운 폭풍우에 휘말린 바다 같은 처지로 바뀌었습니다. 로렌스의 마음은 마치 거센 비바람을 흠씬 두들겨 맞고 선장에게 버림받은 배처럼 이리저리 흔들렸습니다. 그러는 와중에 어디로 가야 할지, 어디로 피해야 할지 도무지 갈피를 잡지 못하고 갈팡질팡하였습니다. 한편으론 자기희생을 통해 주님께 전적으로 순복하도록 인도하는 은밀한 내적 갈망을 끊임없이 느끼고 있었으면서도,

다른 한편으론 이리저리 방황하다가 그릇된 길로 나아가지는 않을까 두려워하기도 하였습니다.

그런데 이로 말미암아 본의 아니게 하나님께 반항하는 결과를 낳게 되었습니다. 이러한 모든 생각은 로렌스 형제를 온통 두려움에 사로잡히게 하였으며, 그리하여 모든 것이 섬뜩할 정도로 무서워 보이게 하였습니다. 결국 로렌스 형제의 영혼은 하늘에서도 이 땅에서도 아무런 위로를 받지 못하는 그러한 쓰라림과 어둠 속으로 빠져들게 되었습니다(이것을 「천로역정」에 등장하는 각성의 영에 대한 존 번연의 묘사와 비교해 보라. 이때는 크리스천이 십자가 앞에 서서 자기 등 뒤에 있는 짐을 벗어버렸다고 느끼면서 깊은 수렁으로 빠져들기 전이다).

그것이 아무리 고통스러울지라도 이와 같은 상황은 흔히 하나님이 그분의 지혜라는 이루 다 헤아릴 수 없는 보화를 베푸시기 전에 그분의 신실한 종들을 시험하기 위하여 활용하시는 방식입니다. 이것이 바로 하나님이 로렌스 형제에게 일어나도록 허락하신 일이었습니다.

이처럼 온갖 시험을 거치는 과정에서 로렌스 형제가 경험한 인내심, 달콤함, 자제력, 확고부동함, 평정심 따위는 감히 아무도 상상할 수 없을 것입니다. 왜냐하면 자기 평가와 자기 행위에 대해서는 너무나 겸손한 태도를 보였으며, 자신에 대해서는 매우 보잘것없는 자화상을 지니고 있었기 때문입니다. 로렌스 형제는 진정으로 고난과 굴욕마저도 귀중하게 여기면서 오직 주님이 허락하시는 잔만을 구한 까닭에 자신을 향해 쏟아지는 온갖 쓴 잔을 피하지 않고 달게 마셨습니다.

이것이 하나님을 기쁘게 하여 회심 초기에 맛보았던 기름 부으심을 조금이라도 계속 간직할 수 있도록 허락하실 수도 있었을 텐데, 하나님은 그 모든 것을 로렌스 형제에게서 가져가셨습니다. 거의 10여 년 동안이나 지속된 두려움과 번민은 로렌스 형제를 가만히 내버려 두지 않았습니다. 아무리 기도해도 기쁨을 찾을 수 없었고, 아무리 고난을 당해도 이런 두려움이나 번민이 누그러지지 않았습니다. 이것이 바로 그의 인생을 너무나 버거운 상태로 몰고 간 요인이었으며, 그 영혼을 너무나 극단적인 궁핍 상태로 몰아넣은 나머지 자기 눈에도 지극히 혐오스러워 도저히 자신을 용납할 수 없는 지경으로까지 내모는 요인이었습니다. 오직 믿음만이 유일한 버팀목이었습니다.

이처럼 온갖 잡다한 생각들이 우르르 밀어닥쳐서 극단으로 치닫는 도중에도 로렌스 형제는 용기를 잃지 않았습니다. 오히려 가장 혹독한 고난을 당하는 시기에도 언제나 중단 없이 기도를 의지하고, 하나님의 임재를 연습하고, 온갖 미덕을 실천하였습니다. 로렌스 형제는 신체적으로 엄격한 금욕생활을 기꺼이 감내하였으며, 가끔씩 기나긴 밤 시간에 불침번을 서기도 했으며, 때때로 성례전을 거행하기 전날에는 꼴딱 밤을 지새우면서 정성껏 준비하기도 하였습니다.

내려놓았을 때 찾아온 새로운 깨달음

마침내 어느 날, 제단 앞에 엎드려 자기 영혼이 당했던 온갖 고난을 묵상하다가 자신이 고난을 당하는 이유는 하나님을 향한 사랑 때문인 동시에 하나님을 기쁘게 못할지도 모른다는 두려움 때문임을 깨달았습니다. 그리고 그것이 하나님의 뜻이라면 남아 있는 생애뿐만 아니라 앞으로 영원무궁토록 그 모든 고난을 기쁘게 감내하겠다고 단단히 결심하였습니다. 로렌스는 그 당시를 이렇게 회상했습니다.

> "왜냐하면 제가 무슨 일을 하든, 제가 무슨 고통을 당하든 간에 이제 더는 그것이 저에게 아무런 문제가 되지 않습니다. 제 유일한 관심사인 하나님의 뜻에 제가 사랑하는 마음으로 온전히 연합되어 있기만 한다면 말이지요."

그것이 바로 정확히 하나님이 로렌스 형제가 갖추기를 원했던 마음 자세였습니다. 그래야 하나님은 그분의 은혜를 로렌스에게 쏟아부을 수 있었던 것입니다. 바로 그 순간부터 로렌스 형제의 마음은 과거 어느 때보다 더 확고해졌습니다. 그리고 사람들에게 그분을 이해시키기 위해 기나긴 세월이나 인간적인 추론이 필요하지 않은 신앙의 눈을 갑자기 열어 주셨습니다. 로렌스 형제는 거룩한 하나님의 광채를 똑똑히 보았습니다. 이 광채가 자기 영혼을 비추어 모든 두려움을 깨끗이 치워주었으며, 그와 동시에 온갖 고통도 깔끔하게 사라지게 하였습니다.

이때 받은 은혜는 그 이전까지 쌓였던 온갖 감정을 모조리 상쇄하고도 남았습니다. 그래서 이제 더는 자신이나 죄를 주목하지 않는 대신, 오직 하나님께만 시선을 고정하였습니다. 그 결과 하나님의 장엄하심을 곰곰이 성찰하는 영혼에게는 온 세상이 너무나 보잘것없어 보인다고 말한 성 그레고리 대제의 심정을 분명히 느꼈을 것입니다. 로렌스 형제가 까르멜수도회의 한 수녀에게 보낸 편지에는 그 마음이 아주 잘 드러나 있습니다. 여기에 그 편지 가운데 중요한 대목을 일부분 소개합니다.

"온 세상이라도 이제 더는 저의 친구나 길잡이가 될 수 없을 듯 합니다. 육신의 눈으로 바라보는 모든 것은 마치 환영이나 몽 상처럼 덧없이 제 앞을 지나가기 때문입니다. 그래서 저는 오 직 영혼의 눈으로 볼 수 있는 것들만을 바라게 됩니다. 영혼의

눈으로 보는 것과 너무나 동떨어진 시선으로 제 자신을 바라
본다면 오히려 그것은 저에게 슬픔과 고통을 안겨줄 뿐입니
다. 한편으로는 어두운 밤의 그림자를 쫓아내는 이처럼 거룩
한 하나님의 의로운 태양에서 흘러나오는 눈부신 광채로 말미
암아 도저히 눈을 뜰 수 없는 상태이기도 하지만 다른 한편으
로는 제 자신의 비참한 신세에 휘둘려 제대로 앞뒤를 분간하
지 못한 나머지 저는 자주 넋을 잃곤 한답니다. 그러나 제가
평소 가장 일상적으로 수행하는 하루 일과는 무익하나 충성된
종이 보여줄 수 있는 모든 겸손함으로 차분히 하나님의 임재
안에 머물러 있는 것이랍니다."

이처럼 거룩한 하루 일과는 로렌스 형제에게 아주 두드러진
성품을 형성하도록 하였습니다. 그리고 그토록 친밀하게 하나님
을 의식하는 상태에 지속적으로 머물도록 자신을 지키는 습관이
너무나 자연스럽게 형성되었습니다. 그러자 위의 편지에서 소개
한 것처럼 매 순간 하나님의 임재를 연습하면서 마지막 40년의
인생을 보낼 수 있었습니다. 다시 말해 그의 말을 빌리자면 그것
은 침묵 가운데 하나님과 친밀한 대화를 나누는 것이었습니다.
　어느 날인가 한번은 신앙 선배가 찾아와 하나님의 임재를 연
습하는 습관을 기른다는 것이 무슨 의미인지, 로렌스 형제에게는

너무나 쉽고도 지속적인 연습이 도대체 어떻게 가능한지 물어왔습니다. 로렌스 형제는 이 질문에 대해서도 평소와 다름없이 아주 단순하게 응답하였습니다.

"이 수도회에서 아주 특별한 신앙생활을 시작하던 초기부터 저는 하나님을 제 영혼의 모든 생각과 감정의 목표이자 종착역으로 삼았습니다. 수련생활을 처음 시작하던 때부터 기도에 할당된 시간을 보내는 동안에도 묵상과 연구 같은 행위가 아니라 믿음의 조명 아래서 이처럼 거룩한 하나님의 존재에 관한 실체를 스스로 깨우치면서 시간을 보냈습니다. 이렇게 간단하고도 확실한 방법을 통해 저는 언제나 그분과 더불어 머물러 있겠다고 작정한 존재에 관한 지식을 점점 더 많이 쌓아 갈 수 있었습니다.

이 무한한 존재의 장엄함으로 너무나 충만한 나머지 저는 이에 대한 순종으로 말미암아 제 운명을 결정짓게 된 장소로 제 자신을 밀어 넣었습니다. 그곳은 다름 아닌 부엌이었습니다. 거기서 혼자 제 임무와 관련된 모든 것을 준비해 놓은 다음, 그 일 전후로 나머지 시간을 전부 기도하느라 보냈습니다. 제 임무를 시작하면서 저는 마치 아들 같은 신뢰를 가지고 하나님께 이렇게 말씀드립니다.

'하나님이여, 주님은 저와 함께하시며 이 모든 외적인 일에도 온 정성을 다해야 한다는 것이 주님의 뜻이기에 제가 늘 주님과 함께 머무르면서 주님과 동행할 수 있는 은혜를 주소서. 그러나 제가 그 일을 더 잘할 수 있도록 저와 함께 일하소서. 저의 일을 받아주소서. 저의 모든 감정을 소유하소서.'

마지막으로 실제로 무슨 일을 진행하는 동안에도 저는 계속해서 하나님께 아주 친숙한 방식으로 말을 건네면서 보잘것없는 모습으로 그분을 섬기면서도 그분의 은혜를 간청합니다. 그 일을 다 끝낼 무렵에도 제대로 마무리를 했는지 조심스럽게 살펴보면서 거기에서 무슨 유익을 얻은 것이 있다면 하나님께 감사를 올려드립니다. 조금이라도 무슨 잘못을 발견한다면 그에 대해 하나님의 용서를 구하는 한편, 전혀 실망스러워하지 않으면서 마치 아무 일도 일어나지 않은 것처럼 제 자신을 변화시켜 하나님께 머물러 있는 연습을 새롭게 시작하기로 작정했습니다.

그러니까 설령 심각하게 넘어진 뒤에라도 제 자신에게 용기를 북돋아주기 위해서 여러 가지 자그마한 믿음과 사랑의 행위를 연습했습니다. 그러다 보니 초기에는 하나님을 생각하는 데 익숙해지는 것이 어려웠던 것과 마찬가지로 이제는 하나님을 생각하지 않는 것이 무척 어려운 일이 될 만큼 그런 상태에 도달하게 되었습니다."

이와 같은 훈련이 자기 영혼에 가져다주는 엄청난 유익을 몸소 경험하면서 주변의 모든 친구에게도 가능한 모든 주의를 기울여 신실하게 이 훈련에 전념하라고 조언하였습니다. 확고한 결단과 용기를 가지고 하나님의 임재를 연습할 수 있도록 매우 강력하고 설득력 있는 이유를 제시한 까닭에 주변 사람들은 생각을 바꾸었을 뿐만 아니라 심령에 감동을 받았습니다. 그리고 이전에는 무관심하고 냉담하던 태도를 바꾸어 아주 뜨거운 열정으로 이 거룩한 훈련을 사모하면서 실행하기 시작하였습니다.

로렌스 형제는 자신에게 찾아오는 사람들을 말로 설득하는 은사도 갖고 있었지만 훌륭한 본보기로 설득하는 은사를 훨씬 더 많이 갖고 있었습니다. 그것이 바로 누구든지 로렌스 형제를 쳐다보기만 해도 하나님의 임재를 배워서 그 안으로 깊이 들어갈 수 있었던 까닭입니다.

일상에서 하나님의 임재를 연습하다.

로렌스 형제는 그리스도인의 완전에 이르는 가장 간편한 지름길, 곧 가장 본질적인 형태의 덕행을 실천하는 삶인 동시에 죄악을 이기는 가장 커다란 방어책을 '하나님의 임재 연습'이라고 불렀습니다.

로렌스 형제는 이 훈련을 훨씬 더 수월하게 하여 우리 안에 습관을 형성하기 위해서는 단지 우리에게 용기와 기꺼운 마음만 있으면 된다고 형제들에게 역설하면서 말보다는 행동으로 이 진리를 입증해 보였습니다. 왜냐하면 부엌에서 요리하면서 자기 임무를 감당할 때, 그러니까 아주 고된 일을 감당하는 도중에도, 심지어 가장 주의를 산만하게 하는 일을 감당하는 도중에도 로렌스 형제의 마음과 영은 전적으로 하나님께 고정되어 있는 모습을 보여 주었기 때문입니다.

비록 아무리 잡다하고 어려운 일을 감당하더라도, 가령 흔히 두 형제가 감당하던 일을 전적으로 혼자 감당하게 되었을 때조차도 전혀 분주하게 서두르는 모습을 보이지 않았습니다. 오히려 각각의 일에 필요한 시간을 정확하고 절도 있게 활용하면서 품위 있고 차분한 태도를 잃지 않았습니다. 그렇다고 느릿느릿하지도 않았으며, 반대로 서두르지도 않으면서 일하는 대신, 언제나 한결같은 침착함과 변함없는 평온함을 유지하였습니다.

하나님의 섭리로 다른 일을 맡을 때까지 로렌스 형제는 약 30년이라는 기간 동안 우리 인간이 품을 수 있는 가장 커다란 사랑으로 부엌일을 완수하였습니다. 그러나 전쟁에서 부상당한 다리에 커다란 궤양이 발생하자 수도원 선임자들은 로렌스 형제에게 좀 더 쉬운 일을 맡길 수밖에 없었습니다. 이와 같은 변화로 로렌스 형제는 신령과 진정으로 하나님을 경배할 수 있는 여유와 믿음과 사랑의 실천을 통해 순전한 하나님의 임재에 더욱 몰두할 수 있는 시간을 더 많이 확보할 수 있었습니다.

로렌스 형제의 신실한 경배와 더불어 사랑과 믿음의 훈련으로 말미암아 생겨난 하나님과의 친밀한 연합은 자신의 생각을 전적으로 피조 세계에만 빠져들지 않도록 하였습니다. 인간적으로 말하자면 설령 그것이 굉장히 어려울지도 모르지만 말입니다. 물론 끊임없이 죄스러운 인간성과 맞서 싸워야 하지만 지옥의 권세가 이제 더는 감히 로렌스 형제를 공격하지 못했습니다. 자신을 사로잡고 있던 격정이 너무나 잔잔해진 나머지 그 이후로는 거의 그런 유혹을 느끼지 못했습니다. 때때로 그런 것들이 자신에게 창피를 안겨주기 위해 어떤 조그만 감정을 격동시키기라도 한다면 로렌스 형제는 마치 높은 산위에 올라 있는 것처럼 단지 자기 발아래서만 요동치는 폭풍우를 먼발치에서 바라보는 것처럼 초연한 모습을 보여 주었습니다.

그때부터 로렌스 형제는 전적인 덕행으로 다져진 인품을 나타내는 것처럼 보였습니다. 그래서 따사로운 인정, 온전한 고결성, 사랑하는 마음을 고스란히 보여 주었습니다. 보기 좋을 정도로 건강한 표정, 자애롭고 서글서글한 분위기, 소박하고 조심성 있는 태도는 곧바로 로렌스 형제를 만나는 모든 사람에게 좋은 평판과 호의를 얻게 되었습니다. 로렌스 형제를 더 자주 만난 사람일수록 흔치 않을 정도로 깊은 충직함과 신앙심을 점점 더 많이 발견할 수 있었습니다.

로렌스 형제가 보여주었던 주목할 만한 성품 가운데 하나는 어떤 식으로도 자신에게 다른 사람들의 주의를 집중시키려고 하지 않았다는 점입니다. 로렌스 형제는 단지 다른 사람들을 거리끼게 할 뿐인 침울한 표정이나 금욕생활에 지친 모습을 보이는 대신 언제나 일상생활의 소박함을 잃지 않았습니다. 그리하여 절대로 남에게 머리를 숙이지 않는 사람들이나 성결한 삶과 선량한 몸가짐이 서로 양립할 수 없다고 생각하는 사람들의 부류에 속하지 않았습니다. 스스럼없이 모든 사람과 함께 어울리면서, 언제나 주변 형제자매들에게 친절하고 거리낌 없는 진솔한 태도로 행동하였고, 다른 사람들보다 자기가 더 우월하다고 주장한 적이 없었습니다.

주제넘게 하나님의 은혜에 편승하여 자신의 미덕을 자랑함으로써 자신에게 찬양을 돌리게 하는 일을 극구 사양하는 대신 전혀 흔들림 없는 확고한 태도로 세상에 이름이 알려지지 않은 무익한 종의 삶을 살려고 노력하였습니다. 흔히 교만한 인간은 다른 사람들의 마음속에서 높은 자리를 차지하도록 도와주는 온갖 수단을 찾아내려고 무던히 애쓰지만 참으로 겸손한 사람은 주변의 갈채와 칭송을 피하고 다른 사람들이 자신을 향해 품을지도 모르는 그런 감탄스러운 감정을 단념시키기 위하여 갖은 노력을 다합니다. 스스로 멸시와 조롱을 받기 위하여, 또는 적어도 자신들에게 쏠린 이목과 명성이 과연 걸맞은 것인지 의심을 불러일으키려고 일부러 우스꽝스러운 짓을 서슴지 않은 성인들도 옛날에는 있었습니다.

　로렌스 형제 역시 그런 처방을 활용했습니다. 너무나 자기를 낮춘 나머지 로렌스 형제는 가끔씩 정신 나간 사람처럼 행동하기도 했으며, 어린아이처럼 유치한 행동을 저지르기도 하였습니다. 이는 모두 자신의 덕행을 숨기고 그로 말미암아 보석처럼 빛나는 찬란한 광채를 가리기 위함이었습니다. 그러한 덕행으로부터 영광을 구하는 대신 현실을 바라보았으며, 오직 하나님만이 자신의 행동을 목격하기 원하였으므로 그 보상으로 오직 하나님만을 바라보았습니다.

　비록 로렌스 형제가 자기 유익을 위해서는 상당히 말을 아꼈지만 다른 형제들에게 가르침을 주기 위해서는 자기 생각과 감정을 주저 없이 소통하였습니다. 그러나 이것은 너무 많은 지식과 추론 능력을 가진 나머지 흔히 교만해지기 쉬운 잘난 형제들이 아니라 다른 사람보다 더 못나고 소박한 형제들을 향했습니다. 그런 부류의 형제들에게는 아무것도 감추지 않았습니다. 오히려 내적인 삶에 관한 가장 아름다운 비밀과 거룩한 하나님의 지혜에 관한 보화들을 놀라우리만치 단순하게 모두 펼쳐놓았습니다.

로렌스 형제가 내뱉은 말과 더불어 나타나는 기름 부으심은 찾아온 형제들을 너무나 강력하게 감동시킨 나머지 그 대화를 통해 얻은 유익으로 말미암아 모두 하나님의 사랑을 마음속에 가득 품을 수 있었습니다. 그뿐만 아니라 이제 막 개인적으로 배운 놀라운 진리들을 아무 거리낌 없이 공공연히 실천하고 싶다는 소망을 가득 품고 돌아갔습니다.

하나님은 심판에 대한 두려움보다는 지극한 사랑으로 로렌스 형제를 인도하셨기 때문에 로렌스 형제가 전한 모든 가르침은 이와 같은 사랑을 불러일으켰습니다. 그리고 이를 듣는 사람들에게 육신과 관련된 *끄나풀*은 아무리 사소하더라도 모두 끊어버리는 한편, 새사람의 통치를 제대로 확립하기 위해서는 옛사람을 완전히 죽이라고 촉구하였습니다.

로렌스는 주변 형제들에게 자주 이렇게 말했습니다.

"만약 여러분이 영성생활에서 커다란 진보를 이루기 원한다면 이 땅에서 세속적으로 인정받는 지혜로운 사람들의 그럴듯한 사탕발림이나 교묘한 담론에 전혀 주의를 기울여서는 안 됩니다. 단순히 호기심을 만족시키기 위하여 인간의 지혜를 구하는 자들에게는 불행이 닥칠 것이기 때문입니다! 이 진리를 가르치시고, 겸손한 자들의 마음을 깨우치시며, 믿음과 하나님에 관한 신비를 우리가 여러 해 동안 묵상해 왔던 것보다 훨씬 더 많은 것을 단 한순간에 이해하게 할 수 있는 분이 바로 창조주 하나님이십니다."

이와 같은 이유로 로렌스 형제는 아무런 결론도 없이 오직 생각을 번민하게 하고 심령을 메마르게 하는 무익한 질문에는 대답하기를 조심스럽게 피했습니다. 그러나 수도원 회의에서 제기된 몇 가지 어려운 문제에 관한 의견을 솔직히 밝혀달라고 선임자들에게 요구받았을 때에는 너무나 간결하고도 선명하게 요점을 짚어낸 나머지 다른 온갖 갑론을박을 순식간에 잠재웠습니다. 그것이 바로 여러 수도사를 비롯하여 몇몇 식견 있는 사람들, 그리고 사제들이 로렌스 형제에게 답변을 요구할 때마다 목격하는 일이었습니다.

또한 이런 장면은 로렌스 형제와 나눈 대화에 관하여 저명한 프랑스 주교 한 사람(이 주교는 프랑소아 페넬롱으로 알려져 왔으며, 페넬롱은 한때 루이 14세 아래서 확실한 왕위 계승권을 가졌던 부르고뉴의 공작을 가르치는 개인교사로 일하기도 했다. 그리고 「그리스도인의 완전」이라는 명저를 남겼다—역주)이 심사숙고

하여 성찰한 내용에서도 고스란히 드러나 있습니다. 이 주교는 로렌스 형제가 내면에서 들려오는 하나님의 음성을 들을 만한 자격과 오묘한 하나님의 신비를 깨달을 만한 자격을 갖추었다고 말했습니다. 그러면서 하나님을 향한 사랑이 너무나 크고 순수하기에 로렌스 형제는 비록 이 땅에 살고 있지만 하늘에서 하나님의 임재를 누리고 있는 사람들처럼 살아갈 수 있었다고 덧붙였습니다.

로렌스 형제는 모든 피조세계를 묵상함으로써 자신을 하나님께로 올려드리면서 우리에게 마땅한 대로 피조세계를 공부하는 법을 알아간다면 지금까지 인간이 출판한 각종 도서는 피조세계라는 위대한 책에 비하면 거의 아무것도 가르칠 수 없다고 설파하였습니다. 온 세상을 구성하는 갖가지 다양한 요소에 감동한 로렌스의 영혼은 너무나 강력하게 하나님께 드려진 나머지 어떤 것도 하나님께로부터 그 영혼을 떼어놓을 수 없었습니다.

로렌스 형제는 온 세상을 구성하고 있는 다양한 특징이 저마다 얼마나 창조주 하나님의 능력과 지혜와 선하심을 보여주는지, 그리고 얼마나 자기 영을 기쁘게 하여 경이로움으로 가득 채우고 자기의 심령에 사랑과 환희가 흘러넘치도록 높여주는지 알 수 없다고 역설하였습니다. 그리하여 구약 선지자처럼 "주님, 주님이 하신 일을 생각하면 기쁩니다. 손수 이루신 업적을 기억하면서 환성을 올립니다. 주님, 주님이 하신 일이 어찌 이렇게도 큽니까?

주님의 생각이 어찌 이다지도 깊습니까?"(시 92:4-5 새번역 참
조) 하고 소리 높여 외치지 않을 수 없다고 말했습니다.

로렌스 형제는 우리 영혼을 향해 이루 다 말로 표현할 수 없는
사랑으로 교통하는 하나님의 모습뿐만 아니라 하나님의 장엄하심
에 관해 매우 고상하고 섬세한 내용으로 글을 썼습니다. 그래서
이 글 중에서 단 몇 대목이라도 읽은 사람들이라면 거기에 너무나
매료되고 감동받은 나머지 입에 침이 마르도록 칭송을 아끼지 않
았습니다.

그러나 하나님보다 자신이 더 주목받는 것을 두려워한 나머지
이러한 원고를 조금이라도 내돌리고 싶어 하지 않았으며, 언제나
최대한 빨리 돌려달라는 조건을 달아서 겨우 빌려 주었습니다. 그
러나 이와 같은 요구 조건에도 이러한 원고 가운데 일부만이 원래
주인에게 돌아온 까닭에 우리는 나머지 다른 글을 더 많이 읽을
수 없다는 사실이 매우 유감스러울 따름입니다.

지금까지 우리에게 남아 있는 각종 편지와 교훈의 일부만 가
지고도 로렌스 형제가 쓴 모든 작품을 얼마든지 판단할 수 있기
에, 그가 친구 가운데 하나에게 담대히 선포한 것처럼 이 조그만
작품들은 모두 성령께 영감을 받아서 나온 것이며, 하나님의 사랑
에서 비롯된 산물이라고 믿을 만한 충분한 이유가 있습니다.

로렌스 형제는 때때로 종이에다 자신을 표현하기도 했습니다.

하지만 그런 다음에는 종이에 기록한 내용과 실제로 내면에서 경험했던 내용을 서로 비교해서 그 글이 하나님의 장엄하심과 선하심에 관한 느낌과 너무나 동떨어져 있다고 판단되면 가차 없이 곧바로 원고를 찢어버렸습니다. 그것도 아주 기꺼운 마음으로 찢어버렸습니다. 이런 식으로 자신을 표현한 이유는 단지 자기 심령을 복잡하게 가득 채우고 있는 것들을 시원하게 쏟아내어, 자기 영을 자유롭게 풀어주고 마음과 가슴속의 공간을 충분히 비워 놓기 위한 시도였습니다.

왜냐하면 그렇게 자주 비워 두지 않으면 우리 내면은 너무나 좁은 나머지 우리를 완전히 사로잡고서 이상하리만치 고통스럽게 하는 거룩한 하나님의 불을 제대로 담아내지 못하기 때문입니다. 마치 너무 작아서 물을 다 담아내지 못하고 흘러넘치게 하는 대야처럼, 또는 그 안에서는 사납게 솟구쳐 오르는 불줄기를 감당하지 못해 어쩔 수 없이 다른 배출구를 만들어 줄 수밖에 없는 비밀 공간처럼 말입니다.

믿음, 로렌스 형제의 영에 자양분과 생명력이 되다.

믿음은 로렌스 형제에게서 아주 도드라진 주요 덕목 가운데 하나였습니다. "오직 의인은 믿음으로 말미암아 살리라"(롬 1:17)는 말씀처럼 믿음은 로렌스 형제의 영에 자양분과 생명력을 불어

넣었습니다. 믿음은 로렌스 형제의 영혼을 성장시켜 내적인 삶에 가시적인 커다란 진보를 이루어 냈습니다. 로렌스 형제로 하여금 온 세상을 자기 발아래 두고서 거기에 냉담한 자세를 유지하면서 세상에 속한 것들을 조금이라도 마음속에 두지 않도록 한 것 역시 믿음입니다. 믿음은 로렌스 형제를 하나님께로 인도하였으며, 만물보다 하나님을 더 높였으며, 오직 하나님만을 소유하는 데서 행복을 찾도록 하였습니다. 믿음은 훌륭한 스승이었으며, 오직 믿음만을 통해서도 이 세상의 모든 책을 다 읽어서 얻을 수 있는 것보다 훨씬 더 많은 배움을 얻었습니다.

로렌스 형제로 하여금 하나님을 가장 소중하게 여기고, 거룩한 하나님의 신비를 가장 많이 갈망하게 만든 것도 바로 이 믿음이었습니다. 특히 하나님의 성자께서 왕으로 머물러 계신 가장 거룩한 신비에 관해서 말입니다. 로렌스 형제는 복된 신비를 사랑하는 마음에 너무나 깊이 매료된 나머지 그 앞에서 많은 시간을 보내면서 밤낮으로 하나님을 향한 경의와 경배를 올려드렸습니다. 이와 같은 믿음은 로렌스 형제에게 예수 그리스도를 대표하는 대상으로서 순종해 마지않는 하나님의 말씀, 교회 자체와 교회의 거룩한 명령, 그리고 수도회의 선임자들에 대한 깊은 존경심을 갖도록 하였습니다.

로렌스 형제는 믿음에 관한 진리를 확실하게 믿은 까닭을, 종종 이렇게 말했습니다.

"지금까지 내가 하나님에 관하여 들은 온갖 아름다운 설교들도, 하나님에 관하여 읽을 수 있었던 수많은 책도, 심지어 하나님에 관하여 체험할 수 있었던 갖가지 기회조차도 모조리 저를 만족시키지 못했습니다. 완전하고 무한하신 하나님을 인간적인 논리로는 충분히 표현해 낼 수 없으며, 하나님의 위대하심이라는 완전한 개념을 제대로 전달할 만큼 충분한 의미를 담고 있는 용어도 존재하지 않기 때문입니다. 저에게 하나님을 밝히 알려주고, 하나님을 있는 모습 그대로 깨우치도록 도와주는 것은 바로 믿음입니다. 저는 오랫동안 신학교를 다녀서 배우는 것보다 훨씬 더 많은 것을 이런 식으로 짧은 기간 동안에 믿음을 통해 배웠습니다."

로렌스 형제는 큰 소리로 자주 이렇게 외치기도 했습니다.

"오, 믿음! 오, 놀라운 믿음! 오, 인간의 영에 조명을 비추어 개인적으로 창조주를 아는 지식으로 인도하는 감탄할 만한 미덕이여! 오, 사랑스러운 미덕이여! 네가 우리에게 주는 지식이 너무나 영광스럽고 영적으로 유익한데도 사람들이 너를 너무도 몰라주고 심지어 가까이 사귀려고도 하지 않는구나!"

이렇게 살아 있는 믿음 안에서 하나님의 선하심을 바라는 확고한 소망이 생겨났으며, 마치 아들이 아버지를 신뢰하는 것처럼 하나님의 섭리를 믿는 견고한 신뢰가 생겨났습니다. 그리고 죽음 이후에 자신에게 무슨 일이 벌어질지 전혀 염려하지 않았고 하나님의 손길에 모든 것을 전적으로 완전히 의탁하는 포기가 생겨났습니다. 로렌스 형제는 인생에서 가장 훌륭한 시기를 보내는 동안에도 단지 자신의 구원을 위해 하나님의 은혜로 말미암은 권능과 예수 그리스도의 십자가 공로를 수동적으로 의지하는 데 만족하지 않았습니다.

오히려 자신과 자신의 온갖 이해관계를 완전히 떠나 적극적으로 무한히 자비로우신 하나님의 팔에 재빨리 자신을 내맡겼습니다. 만사가 더욱 절망적으로 보일수록 로렌스 형제는 더욱 커다란 소망을 가졌습니다. 로렌스 형제는 수도원생활을 시작한 직후에 겪은 온갖 내적인 고통을 언급하면서 이미 살펴보았던 것과 마찬가지로 마치 거대한 바위덩어리처럼 사나운 폭풍우 속에서 수없이 바다의 거센 파도를 맞으면서도 더욱 강해지기만 했습니다.

성 어거스틴이 말한 것처럼 우리가 소망을 품은 정도에 따라 우리가 받을 은혜의 크기가 결정된다면 성경에서 이른 것처럼 도저히 바랄 수 없는 중에 바라고 믿은(롬 4:18) 로렌스 형제에게 하나님이 나눠주신 소망에 관하여 과연 우리는 뭐라고 말할 수 있을까요? 이것이 바로 로렌스 형제가 하나님께 드릴 수 있는 가장 커다란 영광은 우리 능력을 철저히 부인하는 대신 하나님의 보호하심에 전적인 신뢰를 두는 것이라고 말한 이유입니다. 이것이 바로 우리 연약함을 솔직히 시인하고 창조주 하나님의 전능하심을 온 마음으로 인정하는 길입니다.

사랑, 하나님을 바라보는 로렌스 형제의 믿음

사랑은 온갖 미덕의 기본이요, 여왕으로서 나머지 다른 모든 미덕에 참된 가치와 중요성을 부여하는 까닭에 로렌스 형제의 덕행이 거의 완벽에 가까웠다는 것은 전혀 놀랄 만한 일이 아닙니다. 왜냐하면 하나님을 향한 사랑이 로렌스의 마음속에서 너무나 완벽하게 다스리고 있었기 때문입니다. 성 버나드가 말한 대로 로렌스 형제는 오직 '신령한 대상'만을 향해 온 마음을 쏟아 부었습니다. 믿음은 로렌스 형제로 하여금 하나님을 주권적인 진리로 바라보게 했으며, 소망은 하나님을 최종적인 목적지이자 완전한 행복으로 인도하시는 분으로 그려내도록 했다면 사랑은 하나님을 모든 존재 가운데 가장 완전하신 분으로, 또한 더 엄밀히 말하자면 완전 그 자체이신 분으로 바라보게 하였습니다.

로렌스 형제는 이기적인 목적으로 하나님을 사랑한 것이 전혀 아니므로 그 사랑에는 아무런 편견이 들어 있지 않았습니다. 로렌스 형제는 설령 전혀 고통을 피할 수 없거나 아무런 보상을 기대할 수 없더라도 오직 하나님의 선하심과 영광만을 바라고 하나님의 거룩하신 뜻을 성취하는 데서 찾아오는 온갖 기쁨만을 취하면서(이것은 병에 걸려서 마지막 숨을 거둘 때까지도 너무나 자유로운 영을 소유한 나머지 마치 완전히 건강한 사람처럼 자기 마음속에서 느끼는 감정을 진솔하게 설명했다는 사실에서도 잘 알 수 있습니다) 하나님을 사랑했을 것입니다.

하나님을 향한 로렌스 형제의 순수한 사랑은 너무나 지극한 나머지 혹시 그것이 가능하다면 자신이 하나님을 위해서 하고 있는 온갖 일을 하나님이 보시지 않으면 좋겠다고 바라기도 했습니다. 그래야 자신에게 돌아오는 보상 없이 오직 하나님의 영광만을 위하여 그 모든 일을 할 수 있다고 생각했기 때문입니다. 그러나 하나님이 어떤 행위이든 즉각 수백 배로 보상하지 않은 채로 그냥 지나가는 법이 없으시며, 자주 자신에게 하나님의 신성에 관한 엄청나게 놀라운 느낌들을 부어주셔서 때때로 거기에 짓눌리기까지 한다고 가까운 친구들에게 사랑스럽게 투덜대기도 하였습니다. 로렌스 형제는 한없는 존경심과 친밀함을 습관적으로 표현하면서 자주 이렇게 말하기도 하였습니다.

"그것은 너무나 많습니다. 주님, 그것은 저에게 너무 지나칩니다. 제발 주님을 전혀 모르는 사람들에게 이러한 종류의 은혜와 위로를 베푸셔서 주님을 섬기는 기회로 삼게 하소서. 믿음으로 주님을 아는 행복을 누리고 있는 저로서는 주님의 은혜가 저에게 충분하다고 여겨집니다. 그러나 주님처럼 너무나 부유하고 자유로운 손으로부터 받은 것들은 아무것도 거절할 수 없기에 저는 주님이 저에게 베푸시는 은혜를 그냥 받아들일 수밖에 없습니다. 제가 그 은혜를 받았기에 주님이 저에게 베푸신 은혜를 주님에게 되돌려드릴 수 있기를 간청합니다. 왜냐하면 주님은 제가 찾고 바라는 것은 주님의 선물이 아니라 주님 자신이며, 제가 다른 어떤 것에도 만족하지 못한다는 사실을 잘 알고 계시기 때문입니다!"

이처럼 하나님을 향한 순수한 사랑과 치우치지 않는 마음은 로렌스 형제의 심령에서 더욱 뜨겁게 불타올랐으며, 이와 같은 내면의 거룩한 불꽃을 점점 더 활활 타오르게 하였습니다. 때때로 이 불꽃은 갑자기 밖으로 튀어나오기도 했습니다. 이와 같은 내면의 화염에서 솟아오르는 엄청난 열기를 겉으로 드러내지 않으려고 갖은 노력을 다 기울였지만 이따금 그도 어찌할 도리가 없었습니다. 그래서 종종 자신의 의도와는 달리 벌겋게 달아오른 얼굴로 주변 사람들 앞에 나타나기도 하였습니다.

그러나 혼자 머물러 있을 때에는 그 불이 마음껏 활활 타오르게 하여 이렇게 말하곤 했습니다.

"오, 주님! 제 영혼의 여러 가지 기능을 더욱 크게 확장시키고 활짝 열어젖혀서 주님의 사랑을 담는 공간을 더욱 많이 확보할 수 있게 하소서. 또한 주님의 전능하신 힘으로 저를 지탱하여 주소서. 그렇지 않으면 저는 주님이 허락하시는 거룩한 사랑의 불꽃에 모두 타버리고 말 것이기 때문입니다!"

로렌스는 주변의 다른 형제들과 이야기를 나누는 가운데 젊은 시절에 허비한 시간들을 후회하면서 종종 이렇게 말했습니다.

"너무 나이 들어 믿은 나머지 저는 너무 늦게 하나님을 사랑했답니다! 친애하는 형제 여러분, 그대들은 절대로 그렇게 하지 마십시오! 그대들은 아직 젊습니다. 제가 젊은 시절에는 하나님을 섬기는 데 그다지 주의를 기울이지 않았다는 정직한 고백에서 교훈을 삼으십시오. 하나님을 사랑하는 일에 그대들의 모든 인생을 구별하여 바치도록 하십시오. 제가 조금 더 일찍 하나님을 알았더라면, 제가 지금 여러분에게 권면하는 말씀을 단 한 번이라도 누가 저에게 들려주었더라면 그토록 오랜 시간을 허비한 뒤에야 비로소 하나님을 사랑하지는 않았을 것이라고 확실히 말씀드릴 수 있습니다. 하나님을 사랑하느라 보내지 않은 모든 시간은 잃어버린 것으로 믿고 그렇게 받아들이세요!"

하나님을 향한 사랑과 이웃을 향한 사랑은 같으므로 로렌스 형제의 하나님을 향한 사랑을 통해 이웃을 향한 사랑을 충분히 가늠할 수 있습니다. 로렌스 형제는 복음서에서 우리 주님이 말씀하신 것들을 확신하였기에 형제 중에서 가장 작은 자에게 한 아주 보잘것없는 섬김이 곧 하나님께 한 것이라고 굳게 믿었습니다. 특히 부엌일로 분주할 때 온갖 공적인 일을 통해 동료 수도사들을 섬기는 데 세심한 주의를 기울였습니다. 부엌에서 빈궁한 살림살이에도 일일이 수도사들의 건강을 챙기는 데 필요한 온갖 영양분을 제공하려고 최선을 다하면서 마치 천사를 대접하는 것처럼 주변 형제들을 섬기는 데서 기쁨을 누렸습니다. 로렌스 형제는 자신으로부터 부엌일을 물려받은 모든 형제에게 이와 같은 섬김의 자세를 고취하였습니다.

로렌스 형제는 힘닿는 대로 필요에 처한 가난한 사람들을 최대한 도왔습니다. 그 사람들이 겪는 고통을 위로하였으며, 지혜로운 조언으로 격려하였으며, 생활을 이어나갈 수 있도록 열심히 일하는 동시에 천국을 소유할 수 있도록 동기를 불어넣어 주었습니다. 다시 말해 로렌스 형제는 자기 이웃에게 할 수 있는 모든 선한 일을 했으며, 아무에게도 악을 행하지 않았습니다. 그리하여 하나님께 모든 사람을 인도하기 위해 그들에게 저마다 적절한 각자의 모습으로 다가갔습니다.

사도 바울은 사랑은 오래 참는 것이라고 말했습니다. 사랑은 온갖 어려움을 이겨내면서 사랑하는 대상을 위해서라면 무슨 고통이든 기꺼이 인내합니다. 그렇다면 로렌스 형제가 병약한 중에 제대로 인내했는지 의심할 수 있을까요? 또한 하나님을 향한 온전한 사랑을 그대로 간직했는지 의심해 볼 수 있을까요? 역시 사도 바울에 따르면 실제로 인내와 사랑은 서로 아름다운 관계를 맺고 있으며, 그리하여 사랑이 온전함에 도달하는 수단이요 인내는 사랑의 온전함을 겉으로 나타내는 표현이라면 하나님이 로렌스 형제를 그런 온전한 상태로 끌어올리셨다고 확신하는 것 말고는 달리 무슨 말을 더할 필요가 있을까요?

죽음은 로렌스 형제에게 참된 행복이었다.

로렌스 형제가 하나님이 허락하신 매우 고통스러운 질환을 평생 겪으면서도 이 두 가지 미덕을 훌륭히 실천했다는 사실은 의심할 여지가 없습니다. 더구나 25년 동안 지독한 통증을 안겨주는 동시에 다리를 절뚝거리게 만든 좌골신경통에 더하여 그 다리에 생겨난 퇴행성 출혈현상 등 여러 가지 질병으로 극심한 고통을 겪어야 했습니다. 하지만 여기서는 하나님이 로렌스 형제로 하여금 죽음을 대비하고 하늘에 준비해 놓은 상급을 받기에 합당한 인물이 되도록 마지막 여생에 보내신 단 세 가지 질병에만 초점을 맞추도록 하겠습니다.

첫 두 질병은 극단적인 상황까지 몰아갔지만 로렌스 형제는 탄복할 만한 인내심으로 고통을 참아냈으며, 잦은 고난을 겪는 와중에도 한창 왕성한 건강상태였을 때 보여주었던 것과 같은 영의 평정심을 잃지 않았습니다. 첫 번째 질병을 앓았을 때에는 마음 한구석에서 빨리 죽었으면 좋겠다고 소망하기도 했습니다.

의사와 이야기를 나누면서 체온이 점점 떨어진다고 느끼면서 이렇게 말했습니다. "의사 선생님, 선생님이 치료해주셔서 제 건강이 아주 많이 호전되었습니다. 한편으로 선생님께 감사하기도 하지만 오히려 그것이 저의 참된 행복을 지연시키고 있기도 하는군요!"

두 번째 질병을 앓았을 때에는 살든 죽든 어느 쪽도 더 바라지 않는 것처럼 보였습니다. 오직 생사에 집착하지 않으면서 완전히 하나님의 뜻대로 되기를 바랄 뿐이었으므로 살든 죽든 만족하는 태도를 보였습니다. 오직 하나님의 주권적인 섭리만을 따르고 싶어 했습니다.

그러나 영혼이 육체로부터 분리되어 하늘에 계신 사랑하는 하나님 아버지와 재회하도록 했던 세 번째 질병을 앓았을 때는 비범할 정도로 흔들림 없이 초연하고 기뻐하는 태도를 보였습니다. 오랫동안 이처럼 축복된 순간을 갈망해 왔던 까닭에 그 순간이 점차 가까이 다가옴에 따라 점점 더 깊은 만족을 누릴 수 있게 되었던 것입니다. 아무리 씩씩한 용사라도 죽음을 눈앞에 두었을 때에는 끔찍한 두려움으로 말미암아 경악을 금치 못하게 되지만 로렌스 형제는 전혀 움츠러들지 않았습니다. 오히려 확신에 찬 눈으로 죽음을 바라보았습니다. 그런 로렌스 형제의 모습을 지켜본 사람들은 누구나 그가 용감하게 죽음을 맞이했다고 증언합니다.

로렌스 형제는 자신을 위해 마련된 초라한 침상에 누우면서 형제들 가운데 한 명이 이렇게 말하는 소리를 들었습니다.

"로렌스 형제님, 이것이 당신을 위한 마지막 잠자리입니다. 이제 곧 이 세상을 떠나 주님 곁으로 가야 할 때입니다."

그러자 로렌스는 이렇게 대답했습니다.

"지당하신 말씀입니다. 여기에서 제가 마지막 숨을 거두어야 하는군요. 그런데 안타깝게도 이렇게 될 거라고 전혀 예상하지 못한 분이 곧바로 저를 뒤따르게 되겠군요."

그리고 얼마 뒤에 로렌스 형제가 예견한 바로 그 일이 현실로 나타났습니다. 왜냐하면 로렌스 형제가 언급한 바로 그 형제는 건강에 아무런 이상이 없는데도, 다음날 급작스러운 발병으로 쓰러져 로렌스 형제를 장사 지내던 날에 마지막 숨을 거두었습니다. 그리고 이어지는 수요일에 로렌스 형제와 같은 무덤에 묻혔기 때문입니다! 살아 있는 동안 서로를 극진히 아끼던 두 형제 사이를 한데 묶어주었던 사랑으로 말미암아 마치 죽음조차도 두 사람 사이를 갈라놓지 못한 것처럼 보였습니다. 왜냐하면 수도원 공동묘지에서 서로 다른 곳이 아니라 한 무덤에 같이 묻혔기 때문입니다.

세상을 떠나기 4~5개월 전, 로렌스 형제는 몇몇 사람들에게 2월이 다 가기 전에 주님 곁으로 가게 될 것 같다고 말했습니다. 로렌스 형제는 성만찬수도회의 한 수녀에게 2주 간격으로 편지 두 통을 보냈습니다. 첫 번째 편지 말미에서 이렇게 인사하였습니다. "수녀님, 마지막 작별 인사를 고해야겠습니다(adieu). 안녕히 계세요. 저는 이제 곧 하나님을 뵈올 수 있기를 고대하고 있습니다."

또한 병상에 쓰러지기 이틀 전인 2월 6일에는 두 번째 편지를 보냈는데, 거기에서는 다음과 같은 인사말로 끝맺고 있습니다. "수녀님, 안녕히 계세요. 이제 마지막 작별 인사를 전해야겠네요(adieu). 저는 하나님의 자비하심과 은혜로 며칠 안에 그분을 뵈

올 수 있기를 고대하고 있답니다."

　마지막 병상에 몸져누운 바로 그날(목요일), 평소 가까이 지내
던 친구들 가운데 한 형제에게 자신이 그다지 오래 병상에 누워
있을 것 같지 않고, 머지않아 이 세상을 떠날 것으로 예감한다고
말했습니다. 그리고 금요일인 바로 다음 날에는 죽는 날짜까지 정
확하게 예감한 나머지 역시 그 형제에게 다가오는 월요일에 세상
을 떠날 거라고 말했습니다. 그런데 자기 말대로 정확히 그날에
주님의 품으로 돌아갔습니다.

　그러나 로렌스 형제의 죽음을 둘러싼 환경이나 임종을 맞이하
면서 마지막으로 토해 냈던 여러 가지 관점과 느낌을 자세히 언급
하기 전에 병상에서 흔들림 없이 보여주었던 일관된 태도로 다시
돌아가야 할 것 같습니다.

　이 무렵 로렌스 형제에게 남아 있는 유일한 소망은 하나님을
향한 사랑 때문이라면 무슨 고난이든 달게 받겠다는 것이었습니
다. 자신이 유일하게 후회하는 것은 지금까지 주님을 위해 충분히
고난을 받지 못했다는 사실이라고 이전에 했던 말을 거듭 되풀이
했습니다. 그러고는 이렇게 마지막 순간까지 죄스런 행실을 고칠
수 있도록 조금이라도 더 고난을 받을 수 있다는 생각에 적잖이
위로가 된다고 하였습니다.

　그러니까 이 세상에 살아 있는 동안 고난을 받는 것이 오히려

은혜를 가득 채울 수 있는 더 없이 좋은 기회라고 여긴 나머지 절대 고난을 피하려고 하지 않았습니다. 로렌스 형제는 오른쪽으로 누워 있는 자세가 자신에게 극도로 고통스럽다는 사실을 알고서 의도적으로 이와 같은 자세를 취했으며, 어떤 고난이든 달게 받겠다는 불타는 갈망을 충족시키기 위해 일부러 계속 그런 자세를 취하고 싶어 했습니다. 이를 지켜보던 한 형제가 참다못해 잠시만이라도 편한 자세로 돌려 눕히고 싶었지만 이렇게 대답하면서 두 번씩이나 거절했습니다. "아니요! 고마워요, 형제님. 괜찮습니다. 하나님을 사랑하는 마음으로 좀 더 고통을 느낄 수 있도록 그냥 가만히 내버려 두세요!"

이처럼 고통스러운 상태에서도 로렌스 형제는 매우 들뜬 목소리로 거듭 되풀이하여 말했습니다.

"오, 나의 하나님! 이렇게 병약한 가운데서도 주님을 경배합니다. 오, 나의 하나님! 마지막 순간에라도 주님을 위해 약간이나마 고난을 받을 수 있게 되어서 얼마나 감사한 일인지요. 너무나 멋진 일입니다! 정말 감사합니다! 이렇게 주님과 함께 고난을 받다가 마지막 숨을 거둘 수 있게 하소서."

그런 다음에는 자주 아래와 같은 시편 구절을 암송했습니다.

"하나님이여 내 속에 정한 마음을 창조하시고 내 안에 정직한 영을 새롭게 하소서. 나를 주 앞에서 쫓아내지 마시며 주의 성령을 내게서 거두지 마소서. 주의 구원의 즐거움을 내게 회복시켜 주시고 자원하는 심령을 주사 나를 붙드소서"(시 51:10-12).

오른쪽으로 눕는 자세로 말미암아 극심한 고통을 겪은 까닭은 늑막염을 앓던 오른쪽 옆구리에 매우 고통스러운 자리가 위치해 있었기 때문입니다. 그 고통이 얼마나 지독했던지 옆에서 시중들던 형제가 마침 제때 도착하여 제대로 숨을 쉬지 못하는 모습을 발견하고는 곧바로 자세를 돌려놓아 숨을 쉴 수 있도록 적절히 조치를 취하지 않았다면 분명히 그때 마지막 숨을 거두었을 것입니다.

로렌스 형제는 너무나 열렬히 고난받기를 갈망했기에 오히려 고난을 더없는 위안으로 삼았습니다. 그리하여 질병으로 말미암은 고통이 아무리 사납게 엄습하더라도 단 한순간도 괴로운 표정을 짓지 않았습니다. 이처럼 로렌스 형제가 맛보는 기쁨은 표정뿐만 아니라 언행에서도 고스란히 드러났습니다. 그래서 병문안을 온 몇몇 수도사는 정말로 하나도 아프지 않은 게 아닌지 따져 묻기도 하였습니다.

그럴 때마다 로렌스 형제는 이렇게 대답했습니다.

"그렇게 보이신다면 대단히 죄송합니다. 저를 용서해주세요. 사실은 굉장히 고통스럽습니다. 오른쪽 옆구리에 앓고 있는 이 늑막염이 저를 무척 고통스럽게 하지만 저의 영은 매우 만족스럽답니다."

그러면 몇몇 수도사가 되물었습니다.

"그런데 로렌스 형제님, 하나님이 그런 고통을 10년 만 더 감수하라고 말씀하신다면 그래도 지금처럼 평안한 상태에서 만족할 수 있을까요?"

로렌스 형제는 이렇게 답변을 이어나갔습니다.

"당연하지요. 10년이란 세월뿐만 아니라 하나님이 심판날까지 온갖 질병으로 말미암은 고통을 이겨내라고 저에게 말씀하신다면 그래도 저는 즐거운 마음으로 만족할 것입니다. 하나님이 저에게 언제나 만족할 수 있는 은총을 주시도록 변함없이 소망할 것입니다."

그러니까 이것이 바로 로렌스 형제가 마지막 질병을 앓기 시작하여 세상을 떠날 때까지 나흘 동안 이어진 발병 기간에 보여준 인내의 모습입니다.

그러나 이 세상을 떠날 시간이 점점 가까이 다가올수록 로렌스 형제의 열정은 점점 더 커졌습니다. 그와 더불어 믿음도 한층 더 생기를 띠게 되었으며, 소망은 더욱 굳건해졌고, 사랑은 더욱 뜨겁게 불타올랐습니다. 누구든 그 입에서 자주 터져 나오는 다음과 같은 탄성으로 로렌스 형제의 믿음이 얼마나 생생한지를 충분히 판단할 수 있었습니다. 멋진 수식어를 갖다 붙이기보다는 "오, 믿음이여! 믿음이여!"처럼 짧게 탄식하는 듯한 말을 자주 되풀이했습니다.

믿음의 위대함을 꿰뚫어보면서 믿음으로 깨달음을 얻은 로렌스 형제는 끊임없이 하나님을 경배하였으며, 그러한 경배가 자기 본성의 일부가 되었다고 말했습니다. 언젠가 한 형제에게 자기 영혼은 이제 더는 하나님의 임재를 믿는 정도에만 머물러 있는 것이 아니라 믿음의 조명 아래서 아주 구체적으로 하나님의 친밀한 임재 가운데 일부를 목격할 수 있다고 고백하기도 하였습니다.

이처럼 활기찬 믿음과 더불어 소망의 굳건함 역시 그에 못지않게 명백하였습니다. 로렌스는 모든 게 두려울 수밖에 없는 여건 속에서도 너무나 대범한 용기를 보여준 나머지, 두려움에 관한 어떤 친구의 질문에 자신은 죽음이든 지옥이든, 하나님의 심판이든 사탄의 온갖 계교든 간에 전혀 두렵지 않다고 담대하게 응답하였습니다. 실제로 사탄이 자기 침상 주변을 돌아다니고 있는 모습을 목격했지만 오히려 그 사탄을 비웃기까지 하였습니다!

주변의 형제들은 이처럼 교훈적인 이야기를 들으면서 무척 즐거웠기 때문에 계속해서 로렌스 형제에게 질문 공세를 퍼부었습니다. 한 형제는 하나님의 품에 안긴다는 것이 혹시라도 끔찍한 일은 아닐지 물었습니다. 왜냐하면 아무도 자신이 사랑받을 만한 자격이 있는지, 아니면 미움받을 수밖에 없는 처지인지를 제대로 알지 못하기 때문입니다.

로렌스가 대답하였습니다. "무슨 말씀인지 충분히 이해합니다. 그러나 저는 그걸 알고 싶지 않습니다. 왜냐하면 제가 천국에 갈 수밖에 없는 운명임을 미리 알았다면 그에 대해 자만해지지 않았을까 두렵기 때문입니다."

철저히 하나님께 모든 것을 포기함으로써 자신에 대해서는 까맣게 잊어버리고, 오직 하나님과 그분의 뜻을 성취하는 것만을 깊이 생각하면서 자주 이렇게 되뇌었습니다.

"그래요. 거의 불가능에 가깝지만 사람이 지옥에서도 하나님을 사랑할 수 있으며, 하나님이 저를 거기로 보내고 싶어 하신다면 저는 조금도 염려하지 않을 것입니다. 왜냐하면 하나님이 저와 동행하실 것이며, 하나님의 임재로 말미암아 지옥이 낙원으로 변할 것이기 때문입니다. 저는 하나님께 제 자신을 모두 드렸습니다. 그러므로 이제 하나님이 그분의 기쁘신 뜻에 따라 처리하실 것이기 때문입니다."

로렌스 형제는 평생 하나님을 열렬히 사랑했지만 마지막 숨을 거두는 순간에도 변함없이 하나님을 뜨겁게 사랑했습니다. 그리하여 병상에서도 하나님을 향한 사랑의 행위를 멈추지 않았습니다. 한 수도사가 지금도 여전히 온 마음을 다해 하나님을 사랑하고 있는지 물었을 때 로렌스 형제는 이렇게 대꾸했습니다.

"오! 제가 지금 제 영혼에서 하나님을 사랑하는 마음을 느낄 수 없다면 바로 이 순간에 당장이라도 그 마음을 산산이 찢어버리고 말 것입니다!"

비록 단 한순간도 홀로 지내지 못하고 수도원 형제들의 정성 어린 손길을 통해 밤낮으로 온갖 보살핌을 받기는 했지만 로렌스 형제는 잠깐씩 혼자 보내는 안식의 시간을 가졌습니다. 인생의 마지막 순간에 얻을 수 있는 너무나 귀중한 유익을 누리도록, 하나님의 온갖 신비를 받아들일 수 있도록, 지금 자신에게 허락하신 엄청난 하나님의 은혜를 홀로 성찰할 수 있도록 말입니다. 그런 까닭에 이러한 시간을 매우 유용하게 활용하여 마지막 순간까지 하나님의 거룩한 사랑을 고이 간직할 수 있게 해달라고 간구하였습니다.

한 수도사가 그 시간에 무엇을 하고 있으며, 로렌스 형제의 마

음을 온통 사로잡고 있는 것이 무엇이냐고 물었을 때에는 이렇게
대답했습니다.

"앞으로 영원무궁토록 해야 할 일을 하고 있습니다. 그것은 온
마음을 다하여 하나님께 감사하고, 하나님을 찬양하고, 경배
하고, 사랑하는 것입니다. 형제 여러분! 아무것도 염려하지 말
고 오직 하나님만을 경배하고 사랑하는 것, 이것이야말로 모
든 부르심과 의무의 참된 결정체입니다."

한 수도사가 로렌스 형제의 기도생활을 칭찬하면서 자신도 참
된 기도의 영을 받을 수 있도록 하나님께 간구해 달라고 졸랐습니
다. 그러자 로렌스 형제는 이 형제에게 그에 합당한 사람이 되기
위해서는 하나님과 협력해야 하며, 자기 몫을 제대로 감당해야 한
다고 말했습니다. 이것이 바로 로렌스 형제가 이 세상에 살아 있
을 때 마지막으로 밝힌 견해였습니다.

바로 그다음 날인 1691년 2월 12일 월요일 오전 9시, 전혀 괴
로워하지 않는 모습으로, 맑은 정신을 유지한 채, 아무런 요동 없
이, 로렌스 형제는 이 세상을 떠나 주님의 품에 안겼습니다. 편히
잠든 사람처럼 평화롭고 고요하게 자기 영혼을 하나님께 올려드
렸습니다. 로렌스 형제의 죽음은 마치 달콤한 꿈나라로 빠져드는

것처럼 이 고달픈 세상살이에서 저 복되고 행복한 천국으로 살며시 들어갔습니다. 앞서 거룩한 삶을 살다가 이 세상을 떠난 사람들에게 과연 무슨 일이 기다리고 있을 것인가를 어림짐작해 본다면 도대체 어떻게 로렌스 형제에게 이처럼 편안한 천국행 말고 다른 일이 일어났다고 감히 생각할 수 있을까요?

진실로 하나님은 로렌스의 죽음을 소중히 여기셨으며, 숨을 거두자마자 곧바로 영원한 상급을 허락하셨으며, 로렌스 형제는 다른 성도들과 함께 지내면서 지금 이 순간에도 하나님의 영광을 마음껏 누리고 있다고 분명히 말씀드리고 싶습니다. 이것은 고인을 향한 입에 발린 칭송이 전혀 아닙니다. 로렌스 형제는 하나님과 더불어 믿음으로 천국을 분명히 보는 상급을 누렸고, 소망으로 천국을 영원히 소유하는 상급을 누렸으며, 이 세상에서 보여주었던 사랑으로 천국에서 온전한 사랑으로 거듭나는 상급을 누렸습니다.

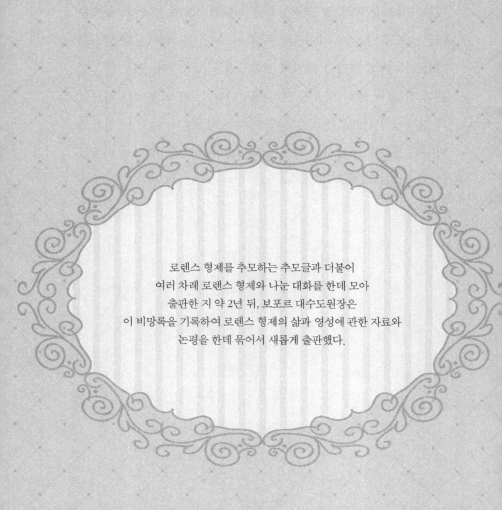

로렌스 형제를 추모하는 추모글과 더불어
여러 차례 로렌스 형제와 나눈 대화를 한데 모아
출판한 지 약 2년 뒤, 보포르 대수도원장은
이 비망록을 기록하여 로렌스 형제의 삶과 영성에 관한 자료와
논평을 한데 묶어서 새롭게 출판했다.

05

— 신앙과 삶 —

로렌스 형제의 신앙과 삶

" 매일 쉬지 않고 하나님의 임재를 연습한 사람 "

* * * * *

    나는 지금 약 2년 전 파리에 위치한 맨발의 까르멜수도회에서 세상을 떠난 로렌스 형제의 생애와 신앙에 관해 직접 보고 들은 복된 추억을 떠올리면서 찬찬히 하나씩 기록하고 있습니다.

    비록 사람들의 손에는 이미 여러 조언과 대화와 편지를 비롯하여 추모의 글이 들려 있을 테지만 나는 이처럼 성인다운 삶을 살다가 떠난 사람에게 종종 전해 들어서 우리 마음속에 고이 간직하게 된 이야기들을 아무리 자주 되풀이한다고 하더라도 전혀 지나치지 않다고 느낍니다.

    거의 모든 사람이 경건하지도 않은 것을 미덕이라고 여기면서 거기에 도달하기 위해 그릇된 길을 나서고 있는 시기에, 하나님을 향한 헌신의 탁월한 본보기로서 로렌스 형제를 소개한다면 우리에게 굉장히 유익하리라고 믿습니다.

우리에게 모든 이야기를 찬찬히 들려 줄 사람은 바로 로렌스 형제 자신일 것입니다. 왜냐하면 나는 로렌스 형제와 대화를 나누면서 들은 이야기를 단지 그대로 전달할 뿐이기 때문입니다. 나는 로렌스 형제와 대화를 끝내자마자 곧바로 그 이야기를 기록해 두었습니다. 성인의 생애와 신앙에 관해 성인 자신보다 더 잘 묘사할 사람은 아무도 없습니다. 「참회록」과 「편지」에서 성 어거스틴은 다른 어떤 사람이 기술하는 것보다 훨씬 더 자연스럽게 자신에 대해 묘사하고 있습니다. 그러므로 우리가 마땅히 따라야 할 미덕을 보여주었다고 생각하는 이 하나님의 종에 관해 그가 순전한 마음 상태에서 이야기를 들려주는 경우보다 더 잘 이해할 수 있게 하는 것은 아무것도 없습니다.

로렌스 형제는 매우 고매한 도덕성의 소유자였지만 그렇다고 해서 전혀 비사교적이거나 무뚝뚝하지 않았습니다. 오히려 상대방에게 확신을 불러일으킬 정도로 다정다감한 태도를 보임으로써 누구나 처음부터 모든 것을 털어놓고 기꺼이 친구가 되고 싶다고 느끼게 했습니다. 로렌스 형제는 대화 상대를 잘 알고 있을 경우에는 허심탄회하게 이야기했으며, 언제나 아낌없이 친절한 태도를 보여 주었습니다. 로렌스 형제의 이야기는 항상 단순했지만 충분히 온당하고 상식적으로 받아들일만 했습니다. 겉으로는 소탈하고 투박해 보이지만 누구든지 그 이면에서 빛나는 비범한 지혜, 가난한 시골뜨기 평수사를 훨씬 넘어서는 놀라운 자유, 그 사람에게서 기대할 수 있는 모든 것을 뛰어넘는 심오한 깊이를 발견하였습니다.

로렌스 형제는 아무리 엄청난 일이라도 거뜬히 처리할 수 있다는 믿음직한 마음을 보여주었기에 주변 사람들은 무슨 일이 있을 때마다 찾아와서 조언을 구했습니다. 로렌스 형제는 겉으로 드러나는 외모에서도 이처럼 믿음직한 모습을 보여 주었습니다.

로렌스 형제는 나와 대화를 나누면서 자기 내면의 심상과 행실에 관해 상세히 설명해 주었습니다. 그것은 이미 앞에서 내가 여러분에게도 자세히 설명한 바와 같습니다. 이 책에서 제시한 여러 가지 자료를 통해 언급된 내용으로 충분히 짐작할 수 있겠지만 로렌스 형제의 회심은 하나님의 능력과 지혜에 대한 고결하고도 고상한 개념으로부터 시작되었으며, 그로 말미암아 온갖 다른 생각을 깨끗이 떨쳐버리려고 신실히 애씀으로써 주의 깊게 이 개념을 갈고 닦게 되었습니다.

이처럼 하나님이 처음으로 자신을 드러내신 계기는 로렌스 형제가 일평생 한결같이 보여준 거룩함의 토대가 되었으므로, 여기서는 잠깐 이야기를 멈추고 먼저 그 점에 관해 살펴보는 것이 좋을 듯 합니다.

믿음이야말로 로렌스 형제가 하나님을 알아가기 위해 활용한 유일한 빛이었습니다. 처음부터 끝까지 일평생 동안 줄곧 하나님의 길을 걸으면서 믿음 아닌 다른 어떤 것에도 기대지 않고 오직 믿음만을 따라가며 그로부터 배우려고 노력하였습니다. 로렌스 형제는 여러 차례 강조했습니다. 곧 다른 사람들에게 들은 모든 이야기, 각종 책에서 읽은 모든 내용, 더구나 자신이 직접 쓴 글은 하나님과 예수 그리스도에 관해 믿음이 자신에게 계시해 준 것에 비하면 사실상 무익해 보인다고 말입니다.

로렌스 형제는 자주 이렇게 말했습니다.

"하나님을 있는 모습 그대로 우리에게 알려주실 수 있는 분은 오직 하나님 자신뿐입니다. 흔히 우리는 가장 탁월한 원본인 하나님을 제대로 보지 않은 채 조잡한 사본에 지나지 않는 이성적인 추론과 너저분한 학문을 추구하려고 합니다. 하나님은 우리 영혼 깊숙한 곳에다 자신의 초상화를 그려놓고 계시지만 우리는 거기에서 하나님을 만나보고 싶어 하지 않습니다. 우리는 하나님을 혼자 내버려둔 채 어리석은 논쟁에 몰두하면서 항상 우리 안에 계시는 왕이신 하나님과 대화하는 것을 하찮게 여깁니다."

그러면서 계속 이렇게 말을 이었습니다.

"하나님에 관해 책에서 이야기하는 것만으로, 우리 영혼에서 느끼는 것만으로, 날마다 변덕을 부리는 경건한 감정만으로, 또는 어떤 형태로든 개인적으로 영적인 성찰에 빠져드는 것만으로 하나님을 사랑하고 알아가는 데에는 분명 한계가 있습니다. 이 모든 것을 넘어서서 우리 믿음이 생동하게 해야 합니다. 믿음으로 우리 감정을 뛰어넘어 하나님과 예수 그리스도의 완전하심을 있는 모습 그대로 철저히 경배해야 합니다. 이와 같은 믿음의 길이야말로 교회를 사로잡아야 할 정신이며, 우리가 아주 높은 수준의 완전함에 이르는 데 필요한 전부입니다."

로렌스 형제는 믿음으로 말미암아 자기 영혼에 임재하시는 하나님을 습관적으로 묵상했습니다. 그뿐만 아니라 주변에서 무슨 일을 만나든지, 자신에게 무슨 일이 일어나든지 간에 곧바로 자기 생각을 들어올려 피조물에서부터 창조주께로 나아가도록 했습니다. 겨울에 앙상하게 메마른 나무 한 그루를 바라보면서 급작스럽게 자기 마음을 하나님께 올려드리게 되었고, 그로 말미암아 자기 영혼에 하나님을 아는 지식이 너무나 고무된 나머지 40년이 흐른 뒤에도 처음 순간만큼이나 강력하고 생생하게 남아 있었다고 말했습니다. 이처럼 로렌스 형제는 언제나 믿음으로 바라보는 지식에 의지하여, 오직 보이지 않는 것들을 바라보기 위하여 우리 눈에 보이는 것들을 활용했을 뿐입니다.

그와 같은 이유로 다른 책들은 별로 읽지 않으려고 하면서 온갖 잡다한 책보다 거룩한 복음서를 더 좋아했습니다. 예수 그리스도께서 친히 말씀하신 가르침을 통해 자기 믿음을 더욱더 단순하고 순전하게 성장시키는 길을 발견했기 때문입니다.

로렌스 형제가 이처럼 믿음으로 하나님의 임재에 예민하게 반응하는 민감성을 키우기 시작한 것은 하나님을 향한 한결같은 마음 때문이었습니다. 로렌스 형제는 지속적인 경배와 사랑의 행위로서 하나님과 대화를 나누면서 자신이 맡은 일을 잘 감당할 수 있도록 도와달라고 호소했습니다. 그리하여 자기 일을 잘 감당한 이후에는 하나님께 감사했으며, 혹시라도 게으름을 피운 것이 있다면 솔직히 시인함으로써 하나님께 용서를 구했습니다. 종종 "조금이라도 책임을 피해보려는 생각으로 오히려 벌을 구하는 식으로 잔머리를 굴리지는 않겠습니다"라고 말하기도 했습니다.

이처럼 그러한 경건행위가 일상적인 하루 일과와 밀접하게 연결되어 있었으며, 그러한 일상의 업무가 경건행위를 위한 자료로 활용되었습니다. 그러다 보니 그 모든 일을 훨씬 더 수월하게 감당할 수 있었습니다. 그러니까 일상 업무를 외면하기보다는 오히려 그러한 일들이 하나님의 임재를 더욱 효과적으로 연습하도록 도와주었습니다.

그런데도 이와 같은 삶의 방식이 처음에는 상당히 어려워서 하나님의 임재에 대해 까맣게 잊어버린 채 오랜 시간을 보낸 적도 있다고 고백했습니다. 그러나 자기 잘못을 솔직하게 시인한 뒤로는 아무 염려 없이 다시금 시작하게 되었습니다.

때때로 제멋대로인 번잡한 생각들이 우르르 몰려와 하나님에 관한 생각을 거세게 몰아내기도 했지만 그럴 때마다 로렌스 형제는 그런 쓸데없는 생각들을 조용히 옆으로 제쳐놓은 다음 다시금 하나님과 정상적인 대화를 나누는 자리로 돌아갔습니다. 이와 같은 자세를 꾸준히 유지하자 마침내 하나님은 지속적으로 하나님을 기억할 수 있도록 보상을 주셨습니다. 그리하여 로렌스 형제가 감당했던 여러 가지 다양한 행위와 임무조차도 이제는 아무런 방해 없이 즐거운 마음으로, 성령의 조명을 받은 사랑으로 단순히 하나님을 바라보도록 도와주었습니다.

로렌스 형제는 자주 이렇게 말하곤 했습니다.

"일하는 시간과 기도하는 시간이 전혀 다르지 않습니다. 저는 굉장히 소란스럽고 달그락거리는 소리가 끊이지 않는 부엌에서도, 때때로 여러 사람이 동시에 여러 가지 다른 일을 요청할 경우에도 마치 복된 성만찬 자리에 무릎 꿇고 앉아 있는 것처럼 평온한 상태로 하나님을 소유하고 있습니다. 때때로 저의 믿음이 너무나 휘황찬란하게 빛나는 탓에 순간적으로 본래 믿음을 잃어버리지나 않았는지 착각할 정도입니다. 저에게 이 모든 일은 마치 어둠의 장막이 올라가는 순간 구름 한 점 없는 청명한 날에 끝없이 펼쳐지는 새로운 삶이 서서히 모습을 드러내기 시작하는 것처럼 보입니다."

이것이 바로 하나님과 지속적으로 대화를 나누는 일에 주의를 집중하기 위해 다른 어떤 생각도 받아들이지 않은 이 사랑스러운 형제의 신실함이 자신을 데려간 곳입니다. 로렌스 형제에게는 하나님과 대화를 나누는 일이 너무나 친숙해진 나머지 거기에서 벗어나 다른 어떤 일에 관심을 기울이는 것이 도저히 불가능해 보인다고 자주 고백하였습니다.

여러분은 제가 로렌스 형제와 나눈 이야기를 기록한 대화록에서 이 주제에 관해 매우 중요한 언급이 있다는 사실을 알았을 것입니다. 거기에서 로렌스 형제는 하나님의 임재란 머리로 이해하는 것이나 입으로 떠드는 말에 있는 것이 아니라 사랑하는 마음속에 머물러 있어야 한다고 말했습니다.

그러면서 말하기를 "하나님께로 나아가는 길에서 생각은 그다지 중요하지 않습니다. 사랑이 모든 것을 감당하지요." 그리고 계속해서 말을 이었습니다(저는 지금 부엌에 있는 평수사 한 사람의 모습을 그리고 있습니다. 로렌스 형제가 한 말을 그대로 옮기더라도 양해하시기 바랍니다).

"거기에는 무슨 거창한 일을 해야 할 필요가 없습니다. 저는 하나님을 사랑하는 마음으로 프라이팬에서 오믈렛을 뒤집습니다. 그리고 이 요리를 마무리한 뒤에 다른 할 일이 없을 경우 땅바닥에 꿇어 엎드려 요리를 무사히 끝낼 수 있도록 은혜를 베풀어주신 하나님을 찬양하지요. 그런 다음에 다시 일어나 제자리로 돌아오면 이 세상의 어떤 왕도 부럽지 않습니다. 하나님을 사랑하는 마음으로 그저 땅바닥에서 지푸라기 하나 주워 올리는 것밖에는 다른 아무것도 할 수 없다고 할지라도 저는 만족할 수 있습니다."

또 이렇게 말했습니다.

"사람들은 하나님을 사랑하는 법을 배우려고 온갖 방법을 좇아다니지요. 오만가지 방법론을 동원하여 하나님의 임재에 머물러 있으려고 수고스러운 시도를 멈추지 않습니다. 그러나 하나님을 사랑하는 마음으로 모든 일을 감당하는 것, 모든 일상 업무를 활용하여 시시때때로 하나님을 향한 사랑을 보여주는 것, 마음으로 하나님과 교감함으로써 우리 안에 계신 하나님의 임재에 머물러 있는 것이 그처럼 힘겨운 노력보다 더 간단하고 직접적이지 않을까요? 너무 똑똑할 필요도 없습니다. 오직 우리에게 필요한 것이라고는 즐거운 마음으로 나아가는 것뿐입니다."(지금 나는 여기서도 로렌스 형제의 일상적인 말투를 그대로 사용하고 있습니다.)

그러나 하나님을 사랑하기 위해서 우리 일을 하나님께 올려드리고 하나님의 도우심을 간구하고 사랑 넘치는 행실을 구체적으로 보이는 것으로 충분하다고 스스로 만족해서는 안 됩니다. 로렌스 형제는 처음부터 하나님을 기쁘시게 하지 않는 것은 아무것도 안하겠다고 세심한 주의를 기울였기 때문에 이처럼 완전한 사랑을 보여주는 상태에 도달하였습니다. 하나님 이외의 다른 모든 것은 포기하였으며, 자신을 완전히 버렸습니다.

(다시 로렌스 형제의 말입니다.)

"수도원생활을 시작한 이래로 저는 이제 더는 제 자신의 덕행이나 구원에 대해 생각하지 않습니다. 지금까지 제가 저지른 죄스러운 행실들을 고치려고 하나님께 제 자신을 완전히 맡겼습니다. 그러고는 하나님을 사랑하는 마음으로 하나님이 아닌 모든 것을 포기한 뒤, 마치 이 세상에 하나님과 저 외에는 아무도 없는 것처럼 살아갔습니다. 이제 저에게 나머지 일생 동안 할 일이란 다른 아무것도 없다고 생각하게 되었습니다."

그러니까 이것이 바로 로렌스 형제가 하나님의 임재를 연습하기 시작한 방식입니다. 로렌스 형제는 가장 완전한 것을 추구했습니다. 곧 하나님을 위하여 모든 것을 버렸으며, 하나님을 사랑하기 위하여 모든 것을 행하였습니다. 완전히 자신을 잊어버렸습니다. 자신이 저지른 죄악을 용서해 달라고 하나님께 간구한 이후로, 심지어 천국이나 지옥에 대해, 과거에 저지른 죄에 대해, 또는 현재 범하고 있는 죄에 대해서도 이제 더는 생각하지 않았습니다. 일단 자신이 고백한 죄에 대해서는 절대로 돌아보지 않았습니다. 하나님 앞에서 자신의 잘못을 고백하면서 완전한 평화의 상태로 들어갔습니다. 그 외에 다른 것은 아무것도 할 줄 몰랐습니다. 그 이후로는 '살든지 죽든지, 이 세상에서나 영원의 세계에서나' 자신을 완전히 하나님께 맡겼습니다.

로렌스 형제는 자주 이렇게 말했습니다.

"우리는 오직 하나님만을 위해 만들어졌습니다. 하나님은 우리가 그분에게 집중하기 위해 자신을 버린다고 해서 전혀 탓하지 않으실 것입니다. 그러니까 하나님 안에 머물러 있으면서 자신에 대해 곰곰이 성찰해 봄으로써, 혼자 머물러 있으면서 자신에 대해 생각할 때보다 자신에게 무엇이 부족한지를 훨씬 더 잘 알 수 있습니다. 사실상 홀로 자신을 돌아보는 그러한 성찰은 여전히 우리에게 들러붙어 있는 자기애의 흔적에 지나지 않습니다. 겉으로는 완전함에 도달하려는 시도인 것처럼 여겨지지만 실제로는 자신을 하나님께 올려드리지 못하도록 방해할 뿐입니다."

로렌스 형제는 약 4년 동안 극심한 고통을 겪었다고 말했습니다. 그 고통이 너무나 극심한 나머지 자신이 저주를 받을 게 틀림없다고 확신하였습니다. 이 세상 누구라도 감히 뭐라고 하지 못할 정도로 그 확신은 매우 견고하였습니다. 그러나 이처럼 끔찍한 고통 속에서도 처음의 결단이 조금도 흔들리지 않았습니다. 자신에게 무슨 일이 벌어질지 골똘히 생각해 보거나 자신의 고통에 대해서 걱정하기보다는 오히려 이렇게 말하면서 스스로 위안을 삼았습니다. "무슨 일이 벌어지든 상관없습니다. 저는 적어도 나머지 일생 동안 하나님을 사랑하는 마음으로 모든 일을 할 거니까요."

이런 식으로 자신을 잊어버림으로써 로렌스 형제는 하나님을 위해 기꺼이 자신을 포기하려고 노력하였으며, 이와 같은 결단을 통해 계속해서 많은 유익을 얻게 되었습니다.

일반적으로 하나님의 뜻을 깊이 사랑하게 되면 흔히 사람들에게서 나타나는 자기 뜻을 향한 애착이 점차 사라지게 됩니다. 로렌스 형제는 자신에게 일어나는 모든 일에서 하나님의 뜻 이외에 다른 어떤 것도 더는 바라지 않았습니다. 이로 말미암아 지속적으로 평안 가운데 머물러 있을 수 있었습니다. 그리하여 어떤 사람이 찾아와서 누가 굉장히 심각한 죄악을 저질렀다고 일러주면 깜짝 놀라기보다는 오히려 어찌하여 훨씬 더 끔찍한 죄악을 저지르지 않았는지에 대해 놀라움을 표하였습니다. 우리 죄인이 얼마나 끔찍한 악의를 품을 수 있는지 잘 알고 있었기 때문입니다.

이런 식으로 반응하고는 곧바로 자기 생각을 하나님께로 향하게 하였습니다. 하나님이 얼마든지 그 상황을 바로잡아주실 수 있다는 것, 더 나아가 하나님이 이 세상을 통치하는 과정에서 일반적인 풍조를 어느 정도 용인하신다는 것을 너무나 잘 알고 있었기 때문입니다. 그럴 때마다 관련된 사람들을 위해 기도한 후, 더 이상 아무것도 염려하지 않고 그냥 평안 가운데 머물러 있었습니다.

어느 날, 내가 로렌스 형제에게 이렇게 물었습니다. 만약 아무런 사전 예고 없이, 로렌스 형제의 마음속에 소중하게 자리 잡고 있어서 오랫동안 준비해 온 아주 중대한 일이 제대로 진행되지 않고 갑자기 전혀 다른 결정이 내려졌다는 소식을 듣는다면 도대체 어떻게 할 것인지에 관해서 말입니다. 그런데 저에게 들려준 로렌스 형제의 답변은 아주 간단했습니다. "저는 그 사람들이 어쩔 수 없이 그런 결정을 내려야 했던 합당한 이유가 분명히 있다고 믿습니다. 그러니까 더 이상 그 문제에 대해 왈가왈부하지 않고 결정한 대로 따르는 것 말고는 아무것도 할 일이 없습니다." 그것이 바로 로렌스 형제가 일관되게 지켜온 원칙이었습니다. 거기에 너무나 철저한 나머지 나중에 그런 일에 관해 언급할 기회가 있어도 다시는 입을 열지 않았습니다.

한번은 지방유지 한 사람이 심각한 중병을 앓고 있는 로렌스 형제를 찾아와서 만약 하나님이 이 세상에서 더 공로를 쌓을 수 있도록 어느 정도 생명을 연장해주시는 쪽과 곧바로 천국으로 데려가는 쪽 가운데 어느 하나를 선택할 수 있도록 기회를 주신다면 과연 어느 쪽을 택하겠느냐고 질문하였습니다. 그러자 이 착한 형제는 그 선택권을 하나님께 맡길 것이며, 자기로서는 하나님이 그분의 뜻을 지시하실 때까지 평안 가운데 기다리는 것밖에는 아무것도 할 일이 없다고 지체 없이 대답하였습니다.

이와 같은 성향은 로렌스 형제로 하여금 하나님 아닌 다른 모든 일에 철저히 무관심하여 완전한 자유를 누림으로써 복 있는 사람(이것은 하늘에 계신 하나님의 임재로부터 흘러나오는 영광을 이미 맛보고 있는 성도들을 일컫는 말이다)의 경지에 도달하였습니다. 로렌스 형제는 어떤 당파나 파벌에도 속하지 않았으며, 어느 편도 들지 않았습니다. 그리고 잠깐 보이다가 안개처럼 사라질 일시적인 문제에 대해서는 아무런 기대감이나 의견을 피력하지 않았습니다.

로렌스 형제는 심지어 지성소에서조차도 쉽게 벗어나기 어려운 출신지(이 용어는 그 당시의 분파주의를 일컫는 말이다. 로렌스 형제는 프랑스 동부지역의 로렌느 지방 출신인데, 오랜 기간 동안 프랑스에서 독립한 상태로 머물러 있었던 곳이다)에 대한 자연스러운 애착에도 별다른 관심을 보이지 않았습니다. 로렌스 형제는 정반대 성향을 지닌 사람들에게도 똑같이 사랑받았습니다. 로렌스 형제가 소망하는 바는 출신지나 과거 행적에 상관없이 모든 사람을 선대하는 것이었습니다. 이 세상 어떤 것도 천국시민인 로렌스 형제를 이 땅에 묶어두지 못했습니다. 로렌스 형제의 관점은 시간에 갇혀 있지 않았습니다.

로렌스 형제에게는 모든 것이 한결같이 동일했습니다. 모든 장소와 모든 일이 전혀 다르지 않았습니다. 이 착한 형제는 어디에서든지 하나님을 발견했습니다. 부엌에서 허드렛일을 하든지, 낡고 닳은 신발들을 수선하든지, 골방에서 기도하든지, 다른 형제들과 함께 기도하든지 간에 언제 어디서나 상관없이 하나님과 동행하였습니다. 로렌스 형제는 특별히 경건의 시간을 갖거나 별도로 피정을 떠나고 싶어 하지 않았습니다. 왜냐하면 일상적인 일과를 수행하면서도 깊은 고독 가운데 만나는 분과 동일한 하나님을 만나서 얼마든지 사랑과 경배를 올려드릴 수 있었기 때문입니다.

하나님께로 나아갈 수 있는 유일한 수단이 하나님을 사랑하는 마음으로 모든 일을 수행하는 것이라고 여겼으므로 무슨 일을 맡든지 하나님을 위해 할 수 있다면 로렌스 형제에게는 아무런 문제가 되지 않았습니다. 로렌스 형제가 중요하게 생각하는 대상은 일 자체가 아니라 하나님이었기 때문입니다. 그러니까 자기의 천성을 더 많이 거스르는 일일수록 자신이 하나님께 올려드릴 수 있는 사랑이 점점 더 고귀해진다는 사실을 잘 알고 있었습니다. 또한 아무리 보잘것없고 시시한 일이라도 자신이 드리는 헌신의 가치를 전혀 감소시키지 않는다는 사실도 잘 알고 있었습니다. 왜냐하면 아무것도 부족하지 않으신 하나님은 그 일 자체를 보시기보다는 우리가 수행하는 일에서 사랑을 보고 싶어 하시기 때문입니다.

로렌스 형제가 보여준 또 다른 특성은 마치 전혀 다른 세상에 살고 있는 것처럼 여겨질 정도로 대담함을 보이면서 어떤 상황에서도 흔들리지 않는 비범한 견고함이었습니다. 그러니까 하나님 이외에는 아무것도 두려워하지도, 소망하지도 않는 숭고한 영혼을 간직한 사람이었습니다. 하나님 외에는 다른 어떤 것도 동경하지 않았으며, 아무것에도 놀라지 않았으며, 아무것도 두려워하지 않았습니다. 이와 같은 영혼의 안정감은 온갖 다른 도덕적인 강점을 흘려보내는 동일한 원천에서 비롯되었습니다.

로렌스 형제는 하나님에 대한 고결한 관점을 간직하고 있어서 하나님을 진리 안에 거하시는 분으로, 주권적인 공의와 무한히 선하심을 보여주시는 분으로 생각하고 있었습니다. 이렇게 하나님을 절대적으로 신뢰하였기 때문에 하나님이 절대 자신을 속이지 않을 것으로 확신하였으며, 오직 자신을 선대하기만 하실 것이라고 확신하였습니다. 로렌스 형제 편에서도 하나님을 불쾌하게 만들지 않기로 결단하였으며, 하나님을 사랑하는 마음으로 무슨 일이든지 기쁘게 감당하고, 무슨 고통이라도 기꺼이 감내하리라고 작정하였기 때문입니다.

어느 날, 제가 로렌스 형제에게 누구를 영적 지도자로 삼고 있는지 물었습니다. 그러자 아무도 없다고 단숨에 대답하였습니다. 그리고 영적 지도자가 굳이 필요하다고 생각하지도 않는다고 하였습니다. 왜냐하면 수도원생활을 시작한 이래로 거기에 필요한 각종 규율과 임무가 외적으로 무슨 일을 해야 하는지 일일이 일러줄 뿐만 아니라 복음서에서는 온 마음을 다해 하나님을 사랑하라고 요청하고 있기 때문입니다. 그러니까 로렌스 형제에게 영적 지도자는 별로 소용없는 존재처럼 여겨졌습니다.

우리 주변에는 오직 자신의 독특한 성향과 느낌만을 따라서 스스로 영성생활을 영위하는 사람이 상당히 많습니다. 대체로 이 부류의 사람들은 자신의 경건행위가 충만한지 아닌지를 엄격하게 살피는 것보다 더 중요한 일은 없다고 스스로 생각하는데, 오히려 자기 행실에 안정감이나 확신을 갖고 살아갈 가능성이 별로 없습니다. 왜냐하면 이러한 것들, 곧 인간의 성향이나 느낌은 자신의 게으른 태도나 하나님의 질서에 따라 지속적으로 변하기 때문입니다. 그리고 하나님은 우리 필요에 따라 시시각각으로 매우 다채로운 선물을 허락하실 뿐 아니라 갖가지 방식으로 다양하게 행하시는 분이기 때문입니다.

이와는 대조적으로 로렌스 형제는 절대 변하지 않는 믿음의 길에 확고부동하게 머물러 있었습니다. 오직 하나님이 지시하시는 곳에서 자기 임무를 완수하면서 수도원에서 살아가는 단순하고 소박한 삶으로부터 이루어지는 각종 미덕만을 가치 있게 여기려고 노력했기 때문에 이리저리 흔들리거나 변덕스럽지 않으면서 언제나 초지일관한 모습이었습니다. 자기 느낌에만 주의를 기울이거나 자신이 걷고 있는 길을 주의 깊게 살피면서 계속 노심초사하는 대신, 그 길의 종착지이자 목적이신 하나님만을 바라보았습니다. 그리하여 자신이 하고 있는 일에 대하여 단지 생각에만 골몰하기보다는 오히려 직접 뛰어들어 거기에 전념하여 의로움과 박애와 겸손을 구체적으로 실행함으로써 하나님을 향한 거대한 발걸음을 성큼성큼 떼어나갔습니다.

이처럼 견고한 토대 위에 세워진 로렌스 형제의 경건은 환상이나 다른 이상한 것들에 전혀 영향을 받지 않았습니다. 로렌스 형제는 심지어 진정한 환상조차도 하나님보다는 선물 자체에만 집중하는 허약한 영혼의 모습을 보여주는 표지라고 확신하였습니다. 수련수사로 생활하는 기간을 제외하고는 한번도 이런 종류의 체험을 한 적이 없었습니다. 아주 막역한 사이로 지내면서 속내를 터놓고 생활하는 사람들에게조차 적어도 환상에 대해서는 단 한 마디도 언급하지 않았습니다.

로렌스 형제는 일평생 확고한 믿음의 길을 걸으면서 성인들의 발자취를 따라갔습니다. 로렌스 형제는 교회에서 시종일관 한결같이 인정해 준 훈련을 통해, 그리고 수도원생활에서 체화된 각종 미덕을 통해 구원에 이르는 평범한 길에서 절대 벗어나지 않았습니다. 그 밖의 다른 모든 훈련에 대해서는 그다지 신뢰를 두지 않았습니다. 이와 같은 건전한 분별력과 단순한 믿음이 비춰주는 빛으로 말미암아 로렌스 형제는 각종 암초를 피할 수 있었습니다. 그러나 수많은 영혼은 영성생활이라는 바다를 항해하는 도중에 너무나 자주 이런 암초에 부딪혀서 좌초하고 맙니다. 오늘날 수많은 영혼은 무슨 새로운 방법론이나 자기 망상, 호기심, 사람들의 어리석은 말에 자신을 내다맡김으로써 난파하는 경우가 부지기수입니다.

그와 같은 삶으로 준비되었으며, 너무나 확실한 믿음의 길을 따라가고 있었으므로 로렌스 형제는 전혀 당황하지 않고 다가오는 죽음을 맞이할 수 있었습니다. 그때까지 한평생을 살아오면서 굉장한 인내심을 발휘하기는 했지만 점점 더 가까이 죽음으로 다가갈수록 그 인내심은 더 커졌습니다. 로렌스 형제는 단 한순간도 슬퍼하는 기색을 보이지 않았으며, 심지어 중병을 앓는 와중에 가장 극심한 고통이 찾아왔을 때조차도 마찬가지였습니다. 오히려 얼굴에 희색이 돌 뿐만 아니라 목소리까지 들뜬 기운이 넘쳐났기 때문에 병문안하러 찾아온 몇몇 형제가 정말로 전혀 고통스럽지 않으냐고 고개를 갸우뚱하면서 물을 정도였습니다(보포르 대수도원장은 로렌스 형제의 병상에서의 마지막 모습이 너무나 인상적이었던 것 같다. 앞장의 추모글에서 쓴 내용을 이 부분에서 거의 그대로 인용하고 있다–역주).

로렌스 형제는 그 친구들에게 이렇게 대꾸했습니다.

"용서하십시오. 사실은 굉장히 고통스럽습니다. 옆구리에 앓고 있는 늑막염으로 제 몸은 신음하고 있지만 제 영혼은 만족하고 있습니다."

다른 형제들이 되물었습니다.

"그러나 하나님이 이토록 끔찍한 고통을 무려 10년이나 더 견디라고 말씀하신다면 그래도 만족하면서 그렇게 하실 겁니까?"

로렌스 형제가 응수했습니다.

"물론이지요. 하나님이 저에게 질병으로 고통받기를 원하신다면 10년이 아니라 심판날이 이르기까지도 기꺼이 기다리면서 만족할 것입니다. 그래도 여전히 하나님이 저에게 은혜를 주셔서 항상 만족하는 태도를 유지할 수 있도록 해주시기를 바라고 있을 것입니다."

이처럼 세상을 떠날 시간이 점점 더 가까이 다가올수록 로렌스 형제는 자주 "오, 믿음이여! 믿음이여!"라고 탄성을 지르면서 많은 말을 늘어놓기보다 이런 식으로 짤막하게 믿음의 놀라움을 표현하기도 하였습니다. 병상에서도 쉬지 않고 하나님을 경배하였으며, 어느 날인가 한 형제에게 이제 자신은 하나님의 임재를 단순히 마음으로 믿는 것이 아니라 이 찬란한 믿음으로 하나님의 친밀한 임재를 이미 생생하게 바라보고 있다고 말했습니다.

또한 모든 사람이 두려워할 수밖에 없는 상황에서도 로렌스 형제는 놀라운 용기를 보여 주었으므로, 친구 가운데 하나가 도대체 어떻게 그런 용기를 보일 수 있는지 물었습니다. 그러자 로렌스 형제는 죽음이나 지옥, 하나님의 심판이나 사탄의 궤계나 그 어떤 것도 두려워하지 않는다고 말했습니다.

주변 동료들은 이런 식으로 로렌스 형제에게 가르침을 받는 것을 기쁨으로 삼아 계속해서 로렌스 형제를 찾아와 질문 공세를 펼쳤습니다. 그러던 와중에 장차 하나님 앞에 섰을 때 과연 사랑받을 만한 자격이 있는지, 아니면 미움받을 수밖에 없는 존재인지 아무도 확실히 모르기 때문에, 살아계신 하나님의 품에 안기는 것이 실로 끔찍한 일이라고 생각하지 않는지를 로렌스 형제에게 물었습니다(이것은 히브리서 10장 31절(새번역)을 일컫는 말이다. "살아 계신 하나님의 징벌하시는 손에 떨어지는 것은 무서운 일입니다").

그러자 로렌스 형제는 이렇게 대답했습니다.

"과연 옳은 말씀이기는 하지만 천국에서 제가 어떤 운명에 처할지 미리 알고 싶지 않습니다. 그렇게 되면 제 안에 헛된 자랑거리가 생겨나지 않을까 우려스럽기 때문입니다. 그러므로 자신을 하나님께 완전히 포기하는 것보다 더 나은 것은 아무것도 없습니다."

최후의 성만찬에 참여한 뒤 한 형제가 지금 무엇을 하고 있는 중이며, 현재 마음속에서는 어떤 생각을 품고 있는지 로렌스 형제에게 물었습니다. 그러자 이렇게 대답했습니다.

"저는 앞으로 영원토록 해야 할 일을 지금 이 순간에도 여전히 하고 있을 뿐입니다. 곧 온 마음을 다하여 하나님께 감사하며, 하나님을 찬양하며, 하나님을 경배하며, 하나님을 사랑하고 있습니다. 형제들이여! 나머지 다른 것들에 대해서는 아무것도 걱정하지 말고, 오직 하나님만을 경배하고 사랑하는 것, 이것이야말로 우리를 향한 모든 부르심과 의무를 아우르는 결정체입니다."

이것이 바로 로렌스 형제가 마지막으로 건넨 인사말이었습니다. 이 말을 마치자마자 곧바로 평온하고 고요하게 하나님의 품으로 돌아갔습니다. 로렌스 형제는 일평생 그와 같은 모습으로 한결같은 삶을 살았습니다. 1691년 2월 12일, 나이 여든 살에 이르렀을 때 하나님은 로렌스 형제를 영원한 안식에 들어가도록 허락하셨습니다.

지금까지 이 착한 형제의 생애와 죽음에 대하여 상세하게 이야기한 것이야말로 '참된 그리스도인 철학자'(철학자란 헬라어에서 지혜를 사랑하는 자, 곧 현자나 지혜로운 사람이라는 의미로 사용된다. 철학자는 일평생 동안 지혜의 본질을 추구하면서 살아 간다. 로렌스 형제의 원형으로서 여기서 사용되고 있는 고대 세계에서 꿈꾸었던 이상은 일상생활에서 부딪치는 온갖 역경을 고요하고 평온하게 헤쳐 나가는 사람이다–역주)의 모습을 가장 훌륭하게 그려내고 있다고 생각합니다.

오직 하나님과 독생자 예수 그리스도를 아는 지식으로 자기 영혼을 풍요롭게 가꾸는 일에만 집중하기 위해 진정으로 세상을 포기하고, 복음서의 가르침을 삶의 규율로 삼아 살아가면서 십자가에서 흘러나오는 거룩한 지혜를 절절이 고백했던 고대의 사람들 역시 그런 철학자들이었습니다. 이것이 바로 주후 2세기에 활약했던 교부 알렉산드리아의 성 클레멘트가 참된 그리스도인 철학자들에 관하여 설명해주는 내용입니다. 성 클레멘트는 철학자, 곧 그리스도인 현자의 가장 중요한 임무를 기도라고 말했는데, 이때 염두에 둔 인물이 바로 로렌스 형제와 같은 사람이었을 것이라고 생각합니다.

로렌스 형제는 많은 말을 하지는 않았지만 어디에서 무엇을 하든지 영혼 깊은 곳에서 은밀하게 기도하였습니다. 길을 걸을 때나 누구와 대화를 나눌 때나, 조용히 쉬고 있을 때나, 책을 읽을 때나 무슨 일을 하는 동안에도 계속해서 기도했습니다. 그리고 지속적으로 하나님을 찬양했습니다. 아침에 일어나 하루를 시작할 때나 밤에 잠자리에 들어 하루를 마무리할 때는 물론이거니와 낮에도 무슨 일을 하든지 간에, 마치 이사야 선지자가 보았던 스랍들처럼 끊임없이 하나님께 영광을 올려드렸습니다. 기도를 통해 영적인 것에 세밀하게 주의를 기울임으로써 언제나 다정다감하고 상냥하고 인내하는 태도를 보일 수 있었습니다. 그와 동시에 어떤 유혹에도 굴하지 않을 만큼 엄격한 태도를 유지할 수 있었습니다. 로렌스 형제는 기쁨이나 고통이 자신을 사로잡도록 허락하지 않았습니다.

묵상의 즐거움을 누리기 위해서는 그에 필요한 자양분을 계속하여 마음껏 섭취하기는 했지만 이 세상에 속한 것으로부터는 어떤 조그만 즐거움도 추구하지 않았습니다. 비록 여전히 그 육신은 이 땅위에 머물러 있었지만 로렌스 형제는 이미 믿음을 통해 주님과 동행하는 삶을 살고 있었습니다. 이미 믿음을 통해 감히 인간이 범접할 수 없는 하나님의 빛을 소유하고 있었으므로 이 세상에서 아무리 좋아 보이는 것이라도 이제 더는 별다른 감흥을 느끼지 못했습니다. 혹시라도 여기 이 세상에서 그렇게 하는 것이 가능하다면 로렌스 형제는 자신이 전적으로 바라는 대상인 하나님을 이미 소유하고 있었기에 하나님을 사랑하는 마음으로 마땅히 있어야 할 곳에 이미 머물러 있었으며, 하나님 이외에는 다른 아무것도 바라지 않았습니다.

이 세상에서 그 무엇도 자신을 근심에 빠뜨릴 수 없었으며, 하나님을 사랑하는 데서 돌아서게 만들 수 없었기에 이제 더는 용감해지려고 애쓸 필요도 없었습니다. 모든 일이 하나님의 뜻대로 이루어진다고 확신하고 있었기에 이제 더는 평온을 찾으려고 애쓸 필요도 없었으며, 절대로 슬픔의 심연에 빠져들지도 않았습니다. 언제나 하나님을 사랑하면서 오직 하나님만을 향해 완전히 돌아섰기에 절대 화를 내는 일도 없었으며, 아무것도 그를 동요시키지 못했습니다. 부족한 것이 전혀 없었기에 질투하거나 시기할 필요도 전혀 없었습니다. 그 흔한 우정으로 누구를 좋아하지도 않았으며, 오직 피조물을 통해서는 창조주를 사랑할 뿐이었습니다. 로렌스 형제는 다른 모든 것은 잊어버리고 오직 하나님께만 달라붙어 있었기에, 흔들림 없이 확고부동한 영혼을 보여주었으며, 온갖 변덕스러움과 불안에 대해서도 완전히 자유로웠습니다.

비록 로렌스 형제가 세상에서 한걸음 물러나 수도원에서 평생을 보내기는 했지만 로렌스 형제의 생애와 신앙에 관해 이 책에서 소개하는 내용으로부터 커다란 유익을 얻지 못할 사람은 아무도 없으리라고 생각합니다. 로렌스 형제는 세상에서 살고 있는 사람들에게 하나님께로 돌아가도록 가르쳐 주었으며, 각자가 맡은 임무를 완수할 수 있도록 은혜를 달라고 간구하였으며, 각자 일터와 가정에서 일어나는 문제에 대해서도 세심하게 돌아보았고, 계속해서 수도원 바깥에 있는 사람들과 대화를 나누었으며, 심지어 놀이에 함께 참여하기도 하였습니다.

이와 같은 본보기를 통해 사람들은 커다란 감동을 받은 나머지 하나님이 자신들에게 베푸신 복을 찬양하였으며, 하나님의 은혜로 선한 일을 할 수 있도록 허락하신 것에 대해 감사하였습니다. 그뿐만이 아니라 잘못을 저지른 일에 대해서는 하나님 앞에서 자신을 겸손히 낮추게 되었습니다.

이것은 단지 수도원 안에서만 연습할 수 있는 사변적인 명상 훈련이 아닙니다. 우리는 언제나 하나님을 경배하고 사랑해야 합니다. 마치 엄마의 도움 없이는 제대로 일어서지 못하는 갓난아기처럼 매 순간 하나님을 의지하게 하는 돈독한 마음의 관계를 맺지 않는다면 누구도 이 두 가지 임무에서 면제될 수 없습니다.

이것은 지나치게 어렵지 않을 뿐만 아니라 모든 사람에게 반드시 필요하고 정말 쉬운 훈련입니다. 이것이 바로 사도 바울이 데살로니가전서 5장 17절에서 모든 그리스도인에게 권면한 대로 "쉬지 말고 기도하라"는 말씀의 본질입니다. 그렇게 하지 않는 사람은 누구든지 무슨 선한 일을 해야 할 필요나 능력을 도무지 눈치 채지 못하고 있는 것입니다. 그 사람은 자신이 누구인지 모를 뿐만 아니라 하나님이 어떤 분이신지에 대해서도 모르고 있으며, 자신에게 예수 그리스도가 끊임없이 필요하다는 사실 역시 모르고 있는 셈입니다.

회사 일이나 생업으로 너무 바빠서 하나님과 대화할 시간이 없다고 핑계를 대는 것은 그리스도인 본연의 임무를 게을리 할 만한 이유가 되지 못합니다. 하나님은 어디든지 계십니다. 우리는 언제 어디에서 무엇을 하든지 항상 하나님과 대화할 수 있습니다. 우리 마음은 오만가지 다양한 방식으로 하나님과 대화할 수 있습니다. 우리에게 필요한 것은 오직 하나님을 사랑하는 조그만 마음뿐입니다. 그러니까 이런 식으로 살아가는 삶이 전혀 어렵지 않을 것입니다.

세상에 요동하지 않고 수도원에서 살아가는 수도자들은 로렌스 형제의 생활방식에서 훨씬 더 많은 유익을 얻을 수 있습니다. 이처럼 수도자들은 세상일에 깊숙이 관련된 사람들을 짓누르는 대부분의 필요와 소유물에서부터 자유로울 수 있습니다. 그렇기에 오직 하나님을 사랑하는 마음으로 모든 일을 감당하는 것 말고는 다른 어떤 생각도 품지 않았던 이 착한 형제의 본보기를 따라 살아가지 못하도록 가로막는 것은 아무것도 없습니다.

로렌스 형제가 스스로 밝힌 것처럼 그는 하나님께 모든 것을 맡겼습니다. 이렇듯 로렌스 형제가 평생을 살아오면서 총체적으로 보여준 세상에 대한 초연함과 생각들은 오직 하나님만으로 채웠기 때문에 가능했던 것입니다. 이 모든 것은 자신의 구원에 대해서조차도 생각하지 않을 만큼 철저히 자신을 포기하는 완전한 망각, 자신에게 떨어지는 온갖 형태의 임무와 과제에도 전혀 개의치 않는 마음, 겉으로 드러내 보이기 위한 형식적인 영성훈련에 절대 얽매이지 않는 자유로움, 오직 하나님만을 사랑하는 진실한 마음에서 비롯된 것입니다. 만약 이 책을 읽고 있는 당신이 하나님께 자기 인생을 온전히 드리기 원한다면 분명히 로렌스 형제의 본보기가 아주 유용할 것입니다. 그리고 당신도 로렌스 형제처럼 하나님의 임재를 일상에서 확실히 경험할 수 있을 것입니다.

■ **나의 신앙 고백 1**

이 책을 읽고 가장 은혜가 되었던 것은 무엇이며,
나의 신앙생활에 도전이 되었던 점은 무엇입니까?

....

....

....

....

....

....

....

■ **나의 신앙 고백 2**

이 책을 읽고 가장 은혜가 되었던 것은 무엇이며,
나의 신앙생활에 도전이 되었던 점은 무엇입니까?

....

....

....

....

....

....

....

■ 나의 신앙 고백 3

이 책을 읽고 가장 은혜가 되었던 것은 무엇이며,
나의 신앙생활에 도전이 되었던 점은 무엇입니까?

....

....

....

....

....

....

....

■ 나의 신앙 고백 4

이 책을 읽고 가장 은혜가 되었던 것은 무엇이며,
나의 신앙생활에 도전이 되었던 점은 무엇입니까?

....

....

....

....

....

....

....

■ 나의 신앙 고백 5

이 책을 읽고 가장 은혜가 되었던 것은 무엇이며,
나의 신앙생활에 도전이 되었던 점은 무엇입니까?

....

....

....

....

....

....

....

■ 나의 신앙 고백 6

이 책을 읽고 가장 은혜가 되었던 것은 무엇이며,
나의 신앙생활에 도전이 되었던 점은 무엇입니까?

....

....

....

....

....

....

....